Gaststättengesetz

vom 28. April 1930,

Gesetz über den Kleinhandel mit Bier

vom 27. August 1931

mit Erläuterungen sowie den Vollzugsvorschriften und sonstigen einschlägigen Vorschriften

Herausgegeben von

Dr. Fritz Steinbach,

Oberregierungsrat

1931

München, Berlin und Leipzig

J. Schweitzer Verlag (Arthur Sellier)

Druck von Dr. F. P. Datterer & Cie., Freising-München.

Vorwort.

Das Gaststättengesetz vom 28. April 1930 hat es sich zur Aufgabe gesetzt, den Alkoholmißbrauch zu bekämpfen und hauptsächlich die Jugend vor den Gefahren des Alkohols zu schützen, ferner einen gesunden und geachteten Gastwirtstand zu fördern. Um diese Ziele zu erreichen, wurden die bisher geltenden Bestimmungen der Gewerbeordnung und des Notgesetzes ergänzt und verschärft. Im übrigen aber knüpft das Gesetz an das frühere Recht an, auch finden nach seinem § 35 die Vorschriften der Gewerbeordnung auf Gast- und Schankstätten, sowie Kleinbierhandlungen soweit Anwendung, als nicht besondere Bestimmungen getroffen sind.

Eine wichtige Ergänzung hat in Bayern das Gaststättengesetz durch das Gesetz über den Kleinhandel mit Bier vom 27. August 1931 erhalten, welches auf Grund des § 26 des Gaststättengesetzes den Bierkleinhandel für erlaubnispflichtig erklärt hat.

Beide Gesetze sind in dieser Ausgabe erläutert, wobei die umfangreiche Rechtsprechung bis in die jüngste Zeit berücksichtigt wurde. Die Erläuterungen sollen bei knapper Fassung einen vollständigen Überblick geben.

Im Anhang sind die Vollzugsvorschriften des Reiches und Bayerns, ferner die sonstigen für dieses Rechtsgebiet wichtigen Vorschriften abgedruckt.

Mindelheim, am 21. Oktober 1931.

Dr. Fritz Steinbach.

Inhaltsverzeichnis.

Abkürzungen.

AGBGB	=	Ausführungsgesetz zum Bürgerlichen Gesetzbuche.
Bl	=	Blätter für administrative Praxis in Bayern; nun Bayerische Verwaltungsblätter.
BRB	=	Bekanntmachung des Bundesrats.
EGBGB	=	Einführungsgesetz zum Bürgerlichen Gesetzbuch.
GBl	=	Bayerisches Gesetzblatt.
GastG	=	Gaststättengesetz.
GemO	=	Gemeindeordnung.
GVBl	=	Gesetz- und Verordnungsblatt.
GewO	=	Gewerbeordnung für das Deutsche Reich.
Landmann	=	Landmann-Rohmer Kommentar zur Gewerbeordnung, 1. Band, 8. Auflage.
MBl	=	Ministerialblatt der bayerischen inneren Verwaltung.
ME	=	Ministerialentschließung.
ObLGSt	=	Sammlung von Entscheidungen des Bayer. Obersten Landesgerichts in Strafsachen.
PolStGB	=	Polizeistrafgesetzbuch für Bayern.
R	=	A. Reger, Sammlung der Entscheidungen der Gerichte und Verwaltungsbehörden auf dem Gebiete des Verwaltungs- und Polizeistrafrechts.
RErg	=	A. Reger usw. Ergänzungsband.
RG	=	Reichsgesetz.
RGBl	=	Reichsgesetzblatt Teil I.
RGSt	=	Entscheidung des Reichsgerichts in Strafsachen.
V	=	Verordnung.
VGH	=	Entscheidung des Bayerischen Verwaltungsgerichtshofs.

A. Gaststättengesetz

Vom 28. April 1930 (RGBl. I S. 146).

Der Reichstag hat das folgende Gesetz beschlossen, das mit Zustimmung des Reichsrats hiermit verkündet wird:

I. Erlaubnis zum Gewerbebetriebe.

§ 1

(1) Wer Gastwirtschaft,[1] Schankwirtschaft[2] oder Kleinhandel mit Branntwein[3] betreiben will, bedarf dazu der Erlaubnis.[4] Die Erlaubnis kann auch juristischen Personen sowie nichtrechtsfähigen Vereinen erteilt werden.[5],[6],[7]

(2) Die Erlaubnis darf nur erteilt werden, wenn ein Bedürfnis nachgewiesen ist.[8]

(3) Die Reichsregierung kann mit Zustimmung des Reichsrats die Voraussetzungen bestimmen,

a) unter denen ein Bedürfnis (Abs. 2) für die Erlaubniserteilung anzuerkennen oder zu verneinen ist,[9]

b) unter denen der Handel mit Branntwein als Kleinhandel im Sinne dieses Gesetzes anzusehen ist.[10]

Soweit die Reichsregierung Bestimmungen hierüber nicht erlassen hat, können die obersten Landesbehörden sie erlassen.

1. Gastwirt ist, wer gewerbsmäßig Fremde, mit oder ohne Verpflegung, beherbergt. Grundlage des Betriebes sind Räume, die jedermann oder doch den Angehörigen bestimmter Gesellschaftsklassen offen stehen, ObLGSt 5, 146 (R 26, 17); 30, 88. Ferner erfordert der Gastwirtschaftsbetrieb Räumlichkeiten, die dem gemeinsamen Gebrauch der Gäste dienen, R 35, 13; der preuß. MErl. vom 9. 9. 09, R 30, 14 verlangt eine „hotelartige Beherbergung". Zu den Gastwirtschaften gehören auch die bewirtschafteten Alpenvereinshütten, R 48, 121.

Die bloße Zimmervermietung an Sommer-, Kur- und Badegäste ist auch dann nicht erlaubnispflichtig, wenn mit ihr Verköstigung und Abgabe von Getränken verbunden ist; R 25, 189; 26, 17; 50, 321. Ob Fremdenheime einen Gast- oder Schankwirtschaftsbetrieb enthalten, ist stets sorgfältig zu prüfen, MB. vom 15. 9. 31, GBBl. 257. Der Betrieb von Speisewirtschaften (Auskochgeschäften) ohne Ausschank von Getränken bedarf keiner Erlaubnis; vgl. R 23, 9; 28, 13; 32, 11; doch kann er nach § 25 GastG untersagt werden.

Wer die Konzession zum Betriebe einer Heilanstalt nach § 30 GewO besitzt, bedarf der Erlaubnis nach § 1 GastG nicht, auch wenn er den Anstaltsinsassen geistige Getränke verabreicht, RErg. 3, 225.

In der Gastwirtschaftserlaubnis ist die Befugnis zum Ausschank nichtgeistiger Getränke enthalten; geistige Getränke dürfen dagegen nur ausgeschenkt werden, soweit sie ihrer Art nach in der Erlaubnisurkunde ausdrücklich bezeichnet sind, GastG § 3 Abs. 1; vgl. § 5 Ziff. 4 der V. vom 21. 6. 30, RGBl 191, abgedr. im Anhang S. 112. Für Gaststätten, die zur Zeit des Inkrafttretens des GastG bereits bestanden haben, gilt § 3 Abs. 3 der ME vom 30. 12. 09, MBl 1910 S. 1, — wonach die Gastwirtschaftskonzession zum Ausschank geistiger Getränke jeder Art ermächtigt, soferne nicht bestimmte Getränke, z. B. Branntwein im Beschlusse ausgenommen sind.

Der Gastwirt haftet für den verkehrssicheren Zustand seiner Räume und der Zugänge; er haftet für die von den Gästen eingebrachten Sachen nach §§ 701 bis 704 BGB. Eine Pflicht zur Aufnahme von Fremden (Beherbergungszwang) besteht für ihn nicht.

2. Schankwirtschaft ist der gewerbsmäßige Verkauf von Getränken zum Genuß auf der Stelle, einerlei welcher Art das

Getränke ist; auch der Ausschank alkoholfreier Getränke, z. B. von Kaffee, Tee, Milch, Mineralwasser ist konzessionspflichtig, ObLGSt. 30, 233; R. 50, 404. Ausnahmen von der Erlaubnispflicht enthält das GastG in den §§ 9, 10 und 28 für den Ausschank von Milch, selbsterzeugtem Wein und Apfelwein, sowie für den Ausschank selbsterzeugter Getränke in Bayern.

Auf den Umfang der Getränkeabgabe kommt es nicht an, ObLGSt 27, 3. Unerheblich ist auch, ob der Ausschank als Haupt- oder als Nebengewerbe betrieben wird; z. B. bedarf der Ausschank in dem Erfrischungsraum eines Warenhauses der Erlaubnis, R 28, 178; 34, 81. Zum Begriff der Schankwirtschaft wird nicht erfordert, daß der Ausschank **an jedermann** stattfindet oder, daß der Schankraum allgemein zugänglich ist, R 10, 366; 16, 233.

Erlaubnispflichtig ist auch der Ausschank mittels Automaten, R 35, 271.

Im allgemeinen ist der Ausschank nur genehmigungspflichtig, wenn er **gewerbsmäßig**, d. i. mit der Absicht der Gewinnerzielung betrieben wird; daher ist zum Betriebe von Bau- oder Fabrikkantinen, in denen Getränke zum Selbstkostenpreis verkauft werden, eine Erlaubnis nicht erforderlich, BGH 33, 150 (R 32, 210). Jedoch bedürfen gemäß § 23 GastG Vereine und Gesellschaften auch dann der Erlaubnis, wenn sie ohne Gewinnabsicht Getränke ausschenken. Erlaubnisfrei ist nach § 27 GastG der Betrieb von Kantinen, Kameradschaftsheimen oder Offiziersheimen der Wehrmacht und der Polizei. Für Bahnhofswirtschaften, Speisewagen, Kantinen und Fahrpersonalküchen gelten die Bestimmungen des § 27 Abs. 1 Ziff. 3 und Abs. 2. Vgl. § 1 der MB. v. 15. 9. 31, GVBl. 257, abgedr. im Anh. S. 82.

Der Ausschank erfolgt zum **Genuß auf der Stelle**, wenn das Getränke im Einverständnis des Verkäufers und des Abnehmers sofort nach der Abgabe an der Verkaufsstelle oder an einem mit dieser in räumlichem Zusammenhang stehenden Orte genossen werden soll und genossen wird; z. B. im Hofe des Anwesens, ObLGSt 28, 60; im Hausflur, R 9, 191; 19, 174; im Nachbarhause, ObLGSt 3, 282 (R 24, 238); auf der angrenzenden Straße, R 24, 433.

Nicht notwendig ist, daß der Schankwirt das Verfügungsrecht über diesen Ort hat, ObLGSt 14, 48 (R 35, 9); R 9, 191; 35, 11; Erg 4, 18.

Unbefugtem Bierausschank durch Flaschenbierhändler ist nach §§ 13, 22 GastG zu begegnen.

Der Gassenschank, d. i. der Verkauf von Bier oder Wein in offenen Gefäßen oder auch in verschlossenen Flaschen über die Straße von einer Schankstätte aus erscheint nach süddeutscher Auffassung als Teil der Schankwirtschaft; er bedarf keiner besonderen Erlaubnis und unterliegt gemäß § 105i GewO nicht den Vorschriften über Sonntagsruhe im Handelsgewerbe, R 16, 141; 24, 235; 31, 170; vgl. ObLGSt. 26, 269; 30, 82; R 50, 415.

Ebenso gehört die Abgabe bestimmter, üblicherweise vom Publikum begehrter Bedarfsgegenstände — insbesondere Rauchwaren, Backwaren, Ansichtspostkarten — in geschlossenen Schankstätten dann zum Schankwirtschaftsbetriebe und fällt unter § 105i GewO, wenn der Verkauf durch den Wirt an Schankgäste in geringer Menge zum sofortigen Verbrauch erfolgt, ObLGSt 11, 207; 11, 449; 12, 65; 23, 30; 28, 45 und 133; R 25, 31; 29, 362; 31, 300 und 489; 32, 242 und 449; 50, 5, 404; RErg 3, 255; 6, 34. Vgl. meine GewO § 41a Anm. 5, § 105i Anm. 1.

Die Schankwirtschaftserlaubnis ist für **bestimmte Arten** von Getränken zu erteilen, § 3 Abs. 1 GastG; die gleiche Vorschrift bestand auch schon vor Inkrafttreten des GastG in § 3 Abs. 1 der ME. 30. 12. 09, MBl. 10 S. 1.

3. Kleinhandel mit Branntwein.

„Unter Branntwein ist nicht nur Trinkbranntwein zu verstehen, sondern auch unverarbeiteter Branntwein. Branntwein stellt demnach die umfassendste Bezeichnung für alle durch Gärung und Destillation gewonnenen Flüssigkeiten dar und begreift auch den Spiritus ein. Ob der unverarbeitete Branntwein in Rohbranntwein (Rohspiritus) oder in gereinigtem Branntwein (Sprit) besteht, ob er vergällt ist oder nicht, ist für die Unterordnung unter den Begriff Branntwein unerheblich. Danach ist nach der Fassung des § 1 Abs. 1 auch der Kleinhandel mit Spiritus erlaubnispflichtig. Eine Ausnahme besteht nur für vergällten Spiritus, auf dessen Vertrieb das GastG nach der besonderen Vorschrift des § 27 Ziff. 4 keine Anwendung findet." (Begr.)

Im einzelnen sind als Branntwein nach der Erklärung des Reichswirtschaftsministers anzusehen

1. alle Arten von Trinkbranntwein, einerlei mit welchen Zusätzen und in welchem Alkoholgehalt sie zubereitet sind;
2. der unverarbeitete Branntwein (reiner Spiritus jeden Prozentgehaltes).

Alles andere fällt nicht unter den Begriff Branntwein, also nicht:

1. der vergällte Branntwein, der durch § 27 Ziff. 4 GastG ausdrücklich ausgenommen wird;
2. branntweinhaltige Genußmittel, die nicht Getränke sind; sie werden in § 16 Ziff. 1, 4 und 6 besonders erwähnt;
3. die branntweinhaltigen Arzneimittel, da sie weder als Trinkbranntwein noch als unverarbeiteter Branntwein anzusehen sind, außerdem aber auch nach § 6 Abs. 1 Satz 2 der GewO in Verbindung mit § 35 von den Vorschriften dieses Gesetzes nicht betroffen werden;
4. die sonstigen verarbeiteten, Branntwein enthaltenden Zubereitungen, z. B. Parfüme. Vgl. § 3 der MB. v. 15. 9. 31, GBBl. 257, abgedruckt im Anhang S. 82.

In Apotheken und Drogerien ist die Abgabe von Branntwein nur dann erlaubnispflichtig, wenn der Branntwein nicht als Arznei-, sondern als Genußmittel begehrt wird. Der Verkäufer hat sich vor der Abgabe über die Verwendung zu unterrichten.

Der Verkauf branntweinhaltiger Genußmittel, z. B. von Likörbonbons ist im allgemeinen frei; jedoch enthalten die Ziff. 1, 4 und 6 des § 16 Handelsbeschränkungen.

Verboten ist der Verkauf von Absinth und ähnlichen Erzeugnissen nach dem RG. vom 27. 4. 23, RGBl. 257.

Die Erlaubnis zum Branntweinausschank schließt nach § 3 die Erlaubnis zum Kleinhandel ein.

Die Erlaubnis ist gemäß § 3 Abs. 2 für bestimmte Räume zu erteilen. Konsumvereine, die Branntwein in mehreren Abgabestellen verkaufen, bedürfen der Erlaubnis für jede dieser Stellen, BGH 44, 59 (R 43, 389).

Über die **Abgrenzung des Kleinhandels mit Branntwein** s. § 9 der B. vom 21. 6. 30, RGBl 191, unten Anm. 10.

4. Die **Erlaubnis** ist die rechtliche Grundlage des Gewerbebetriebes. Sie ist eine auf dem öffentlichen Recht beruhende behördliche Willenserklärung, BGH 11, 281; R 31, 447.

Der Erlaubnis bedarf der selbständige Gewerbetreibende, d. i. derjenige, der das Gewerbe auf eigene Rechnung und unter eigener Verantwortlichkeit betreibt. Der Pächter bedarf daher einer eigenen Erlaubnis; R 32, 205; 33, 217.

Jedoch bedürfen die Witwe und die minderjährigen Erben eines Erlaubnisinhabers gemäß § 46 GewO keiner neuen Erlaubnis; vgl. § 6 Anm. 7.

Die Erlaubnis ist höchstpersönlich, d. i. an die Person des Inhabers gebunden. Sie kann daher zur selbständigen Ausübung einem andern nicht überlassen werden, RGSt 61,261. Dagegen ist sie nicht an die Betriebsräume gebunden, für welche sie erteilt worden ist; sie geht nicht verloren durch die Veränderung oder den Untergang dieser Räume, auch nicht durch ihre Verpachtung oder Veräußerung — vgl. die § 12 Anm. 1c angeführte Rechtsprechung — und ebensowenig durch ihre Zwangsversteigerung, R 27, 189. Privatrechtliche Hindernisse, die ihrer Ausübung entgegenstehen, bringen sie nicht zum Erlöschen, BGH 3, 560; 11, 281.

Die sukzessiv erfolgende Erteilung der Erlaubnis für die gleichen Räume an mehr als eine Person ist zulässig, BGH 11, 279 (RErg. 1, 222).

Die Aufstellung eines Stellvertreters ist nach § 6 nur in besonderen Fällen zulässig und bedarf der behördlichen Erlaubnis (Stellvertretungserlaubnis). Von einer Stellvertretung kann nicht gesprochen werden, wenn die Wirtschaft auf eigene Rechnung betrieben wird, R 24, 236. Ein Vertrag, durch welchen die selbständige Ausübung der Konzession auf einen Dritten übertragen wird, ist gemäß § 134 BGB nichtig, R 18, 307; 20, 6; 22, 13; 37, 138.

5. Nichtrechtsfähige Vereine sind den juristischen Personen gleichgestellt. Anderen Personenvereinigungen ohne Rechtsfähigkeit, z. B. offenen Handelsgesellschaften und Kommanditgesellschaften kann eine Erlaubnis nach § 1 Abs. 1 nicht erteilt werden. Für sie müssen je nach den besonderen Verhältnissen alle oder einige Gesellschafter die Erlaubnis erwerben. Für juristische Personen oder nicht rechtsfähige Vereine ist der Antrag gemäß § 2 Abs. 2 durch die vertretungsberechtigten Personen zu stellen, deren Zuverlässigkeit daher zu prüfen ist, vgl. R 32, 205; RErg 4, 209.

6. Zuständig zur Erlaubniserteilung sind die Bezirksverwaltungsbehörden (Bezirkämter, Stadträte) des Betriebssitzes, § 19 der V vom 12 9. 31, GVBl 251, abgedruckt im Anh. S. —. Über die erteilten Erlaubnisse ist gemäß § 21 Abs. 1 ein Verzeichnis zu führen. Der Antrag auf Erteilung der Betriebserlaubnis ist bei der Gemeindebehörde zu stellen, § 24 der MV vom 15. 9. 31, GVBl 257, abgedruckt im Anh. S. 82. Dort ist auch bestimmt, welche Angaben dieser Antrag enthalten soll. Die vorläufige Zulassung zur Gewerbeausübung kann im Falle der Geschäftsübernahme gemäß § 7 Abs. 1 stattfinden. Nach § 5 Abs. 2 kann eine juristische Person oder ein nicht rechtsfähiger Verein widerruflich zur Betriebsfortsetzung zugelassen werden, wenn die erteilte Erlaubnis durch Zeitablauf erloschen ist.

Verfahren §§ 20ff. der V. vom 12. 9. 31, GVBl 251. Eine Berufung an den Verwaltungsgerichtshof findet nicht statt, § 23 a. a. O.

7. **Strafbestimmung** § 30 Abs. 1 Ziff. 1 und Abs. 3; das polizeiliche Einschreiten regelt § 22.

8. **Bedürfnis.** Maßgebend ist ein nach Würdigung aller Umstände festgestelltes sachliches Interesse, das zumeist ein öffentliches sein wird. Das private Interesse des Gesuchstellers ist unerheblich; vgl. § 2 der V. vom 21. 6. 30, RGBl 191, abgedr. im Anhang S. 112. Regelmäßig wird ein allgemeines Interesse vorliegen müssen. Ein Bedürfnis kann jedoch auch bei einem kleineren Kreise von Beteiligten wie bei Kantinen in Hochschulen oder Fabriken, anzuerkennen sein; seine Annahme wird auch nicht dadurch ausgeschlossen, daß es sich auf einen bestimmten Personenkreis z. B. einen geselligen Verein beschränkt; vgl. § 4 Abs. 1 der V. vom 21. 6. 30, RGBl 191, VGH. 32, 152.

Ein Bedürfnis ist nicht schon dadurch erwiesen, daß in den für den Betrieb bestimmten Räumen ein gleicher Wirtschaftsbetrieb seither geführt wurde. Wenn nichtgeistige Getränke ausgeschenkt werden sollen, ist das Bedürfnis in der Regel anzuerkennen, § 1 der V. vom 21. 6. 30, RGBl 191. Die Prüfung der Bedürfnisfrage unterbleibt nur bei der Ausübung von Realrechten.

Das Bedürfnis muß nachgewiesen werden; die maßgebenden Verhältnisse sind durch die Behörde zu prüfen und festzustellen. Der Nachweis ist nicht nur bei Neuerrichtung von Betrieben erforderlich, sondern auch bei jedem Besitzwechsel und jeder wesentlichen Änderung der Räumlichkeiten oder der Betriebsart; vgl. § 3.

Der Nachweis des Bedürfnisses unterliegt der verwaltungsgerichtlichen Nachprüfung, § 18 Ziff. 2; ebenso ist die Frage, ob im einzelnen Fall die Verleihung einer Wirtschaftserlaubnis vom Nachweise eines Bedürfnisses abhängig gemacht werden kann, verwaltungsrechtlicher Natur, R 47, 163.

9. Zu Abs. 3 Buchst. a. Die Reichsregierung hat in der V. vom 21. 6. 30, RGBl 191 **Grundsätze für die Prüfung des Bedürfnisses** bei Gast- und Schankwirtschaften und beim Kleinhandel mit Branntwein aufgestellt. Diese V. ist abgedruckt im Anhang S. —. Ferner sind zu beachten die Richtlinien, welche in §§ 1 bis 5 der VO. vom 12. 9. 31, GVBl 251 und im § 7 der MV vom 15. 9. 31, GVBl 257 aufgestellt sind; s. Anhang S. 73 und S. 82.

10. Zu Abs. 3 Buchst. b. Als Kleinhandel mit Branntwein im Sinne des § 1 Abs. 1 des Gaststättengesetzes gilt gemäß § 9 der V. vom 21. 6. 30, RGBl 191, abgedr. im Anhang S. 112 jede gewerbsmäßige und in den Fällen des § 23 Abs. 1 des Gaststättengesetzes auch die nicht gewerbsmäßige Abgabe einer Menge von nicht mehr als 3 Liter Branntwein an Verbraucher. Verbraucher im Sinne dieser Vorschrift ist, wer Branntwein zum persönlichen Genuß oder zur Verwendung im eigenen Haushalt bezieht.

Wer bis zum Inkrafttreten des GastG (1. Juli 1930) auf Grund des § 12 Abs. III der V. vom 29. 3. 92 i. d. F. der V. vom 23. 2. 26 (GVBl 225) Branntwein oder Likör in festverschlossenen, verkapselten und vorschriftsmäßig gekennzeichneten Flaschen von mindestens drei Achtel Liter Inhalt oder offen in Mengen von zwei Litern und mehr ohne Erlaubnis verkauft hat, darf für seine Person diesen Verkauf in der bisherigen Art und in den bisherigen Räumen auch nach dem Inkrafttreten des GastG ohne Erlaubnis weiterbetreiben; vgl. GewO § 1 Abs. 2; diese Befugnis steht im Rahmen des § 46 GewO auch der Witwe und den minderjährigen Erben zu; § 4 Abs. 2 der MV. vom 15. 9. 31, GVBl 257, abgedruckt im Anhang S. 82.

§ 2

(1) Wird ein Bedürfnis nachgewiesen (§ 1 Abs. 2), so ist die Erlaubnis nur zu versagen,[1]

1. wenn Tatsachen die Annahme rechtfertigen, daß der Antragsteller die für den Gewerbebetrieb erforderliche Zuverlässigkeit nicht besitzt,[2] insbesondere dem Trunke ergeben ist oder das Gewerbe zur Förderung der Schlemmerei, der Völlerei,[3] des Glücksspiels,[4] der Hehlerei,[5] unlauterer Handelsgeschäfte oder der Unsittlichkeit[6] oder zur Ausbeutung Unerfahrener, Leichtsinniger oder Willensschwacher,[7] zur sittlichen oder gesundheitlichen Schädigung Jugendlicher[8] oder zum Vertriebe gesundheitsschädlicher, verfälschter oder verdorbener Nahrungs- oder Genußmittel[9] mißbrauchen wird,
2. wenn Tatsachen die Annahme rechtfertigen, daß der Antragsteller die Vorschriften über die Beschäftigung von Arbeitern und Angestellten nicht einhalten wird, insbesondere wenn der Antragsteller wegen Verstoßes gegen diese Vorschriften erheblich vorbestraft ist,[10]
3. wenn die zum Betriebe des Gewerbes oder die zum Aufenthalte der Arbeiter und Angestellten des Betriebs bestimmten Räume wegen ihrer Beschaffenheit oder Lage den polizeilichen Anforderungen nicht genügen,[11]
4. wenn die Verwendung der Räume für den Betrieb des Gewerbes dem öffentlichen Interesse widerspricht,[12]
5. wenn die zum Betriebe bestimmten Räume in der in Ziffer 1 genannten Art mißbraucht worden sind,

sofern nicht anzunehmen ist, daß der Betrieb ordnungsmäßig geführt werden wird.[13]

(2) Bei juristischen Personen oder bei nichtrechtsfähigen Vereinen gelten als Antragsteller im Sinne des Abs. 1 Ziffer 1 und 2 die vertretungsberechtigten Personen.[14]

1. Wenn ein Bedürfnis nicht nachgewiesen ist, muß das Gesuch um Erlaubnis ohne weitere Prüfung abgewiesen werden, vgl. VGH 16, 90; aber auch wenn ein Bedürfnis besteht, ist die Erlaubnis bei Vorliegen eines der Versagungsgründe des § 2 zu versagen. Der Bewerber hat ein Recht auf Erteilung der Erlaubnis, wenn das Bedürfnis nachgewiesen und kein Versagungsgrund gegeben ist. Dies folgt aus dem Grundsatze der Gewerbefreiheit; VGH 11, 279. Die Erlaubnisbehörde kann jedoch die Behandlung und Bescheidung eines Antrages ablehnen, solange der Antragsteller nicht nachweist, daß er berechtigt ist, über die für den Betrieb bestimmten Räume zu verfügen, § 5 Abs. 2 der MB vom 15. 9. 31, GVBl 257, abgedruckt im Anhang S. 82.

2. Die Abweisung des Gesuches wegen **Unzuverlässigkeit** muß sich auf Tatsachen stützen; bloße Zweifel genügen nicht.

Der Mangel der Zuverlässigkeit kann sich sowohl aus Handlungen und Unterlassungen des Gesuchstellers, wie aus äußeren Umständen — z. B. Geistesschwäche, Mittellosigkeit des Bewerbers — ergeben. Nicht erforderlich ist, daß die zu beurteilende Handlung bei Ausübung des Gewerbebetriebes begangen worden ist, R 47, 156.

Unzuverlässig ist z. B., wer beim früheren Betrieb einer Wirtschaft behördliche Anordnungen beharrlich mißachtet oder die Genehmigungsbedingungen nicht eingehalten hat; wer unbefugt Tanzmusiken abgehalten oder die Vorschriften über die Polizeistunde mehrfach übertreten hat, R 44, 165; 46, 169 u. 481; 48, 147.

Das Verhalten von Personen, welche dem Gesuchsteller nahestehen, hauptsächlich Angehöriger und besonders des in häuslicher Gemeinschaft mit ihm lebenden Ehegatten, ist zu berücksichtigen; die Handlungen des einen Ehegatten werden dem andern als seine eigenen angerechnet, R 29, 11; 32, 212; 34, 457; 36, 151; 37, 229; 39, 13 u. 220; 43, 231; 47, 156 u. 166; 50, 31; Erg 5, 149. Frühere Bestrafungen können außer Betracht bleiben, wenn längere Zeit hindurch straffreie Führung gefolgt ist, R 36, 166; 39, 8; 40, 6.

Als unzuverlässig ist auch zu erachten, wer die erforderlichen Mittel zum Wirtschaftsbetriebe nicht besitzt; ferner auch ein Pächter, der eine Pachtsumme vereinbart hat, die mit seiner Leistungsfähigkeit und dem Ertrage des Betriebes nicht im Einklang steht; s. § 8 Abs. IV der MB v. 15. 9. 31, GBBl 257, abgedruckt im Anhang S. 82. An tüchtige Geschäftsleute, die ihr Fach von Grund aus verstehen, können geringere finanzielle Anforderungen gestellt werden.

Die Unzuverlässigkeit kann aus der Begehung strafbarer Handlungen zu folgern sein; indessen ist für die Würdigung nicht die Bestrafung selbst maßgebend, sondern die Handlungen, welche zu ihr geführt haben. R 27, 192.

Mehrere Tatsachen, von denen die einzelne zur Begründung der Unzuverlässigkeit nicht ausreichen würde, können diese zusammen erweisen.

Nach § 8 Abs. II der MB vom 15. 9. 31, GBBl 257, abgedruckt im Anhang S. 82, sind die Leumundsverhältnisse des Antragstellers und sonstiger für die Wirtschaftsführung in Betracht kommender Personen (des Ehegatten, Familienangehöriger u. a.) zu prüfen. Wenn die Leumundsverhältnisse nicht sonst genau bekannt sind, sind Straflisten zu erholen. Bei Minderjährigen ist festzustellen, ob die Ermächtigung des gesetzlichen Vertreters und die Genehmigung des Vormundschaftsgerichtes zum Geschäftsbetrieb vorliegt (§ 112 BGB.)

Unzuverlässigkeit ist stets gegeben, wenn die in Ziff. 1 und 2 beispielsweise angeführten Tatbestände vorliegen.

3. Schlemmerei, Völlerei. Darunter ist gewohnheitsmäßige Unmäßigkeit im Essen und Trinken zu verstehen.

Förderung der Völlerei liegt vor, wenn die Vorschriften über den Ausschank fortgesetzt mißachtet werden; sie kann gefunden werden in dem Ausschank an Trunkenbolde oder Schulpflichtige; ferner in der wiederholten Überschreitung der Polizeistunde, R 33, 241; 40, 26; 45, 314; 47, 300; ObLGSt 25, 128 (R 48, 204); R Erg 5, 28 u. 140.

Nach der Rechtsprechung des PrOVG ist Völlerei auch jeder Genuß geistiger Getränke, welcher die gesetzmäßigen Schranken überschreitet, R 12, 234; RErg 5, 140.

4. Glücksspiel, vgl. §§ 284, 285, 360 Ziff. 14 RStGB. Ein „Glückspiel" i. S. der Bestimmungen des RStGB ist ein Spiel, bei dem nach den Vertragsbedingungen die Entscheidung über Gewinn oder Verlust nicht wesentlich von den Fähigkeiten und Kenntnissen, sowie von dem Grade der Aufmerksamkeit der Spieler, sondern allein oder hauptsächlich vom Zufall abhängt. Das Spiel mit Bajazzoapparaten ist Glücksspiel, RGSt 62, 163 (R 50, 76). Das „Mauscheln" kann je nach den Umständen als Glücksspiel anzusehen sein, R 33, 43; RGSt 61, 365.

Förderung verbotenen Spiels ist anzunehmen, wenn verbotene Glücksspiele wiederholt geduldet wurden, RE 1, 20; BGH 2, 574; R 33, 43; 40, 31.

„Fördern" umfaßt alle Handlungen und Unterlassungen, die geeignet sind, die Lage jener Personen, die verbotene Spiele veranstalten, zu erleichtern, R 45, 315.

5. Förderung der Hehlerei ist dem zuzutrauen, der die Neigung bekundet hat, unter Benachteiligung anderer unerlaubten Gewinn zu erzielen, R 23, 10; 27, 360; 29, 339; 30, 388; 42, 9.

Die Erlaubnis ist in der Regel zu versagen, wenn Bestrafungen auf Grund der §§ 242, 258, 259, 266 RStGB erfolgt sind. Doch sind die Umstände, welche zur gerichtlichen Verurteilung geführt haben, sorgfältig zu würdigen, R 39, 11; vgl. R 27, 360; 29, 339 (betrügerisches Einschenken); RGSt 58, 299 (Duldung des Handels mit gestohlenen Waren in den Schankräumen).

6. Unsittlichkeit. Begründeter Verdacht ihrer Förderung besteht, wenn der Gesuchsteller oder seine Ehefrau wegen Kuppelei bestraft ist, R 35, 447, bei unsittlichem Verkehr mit dem weiblichen Personal, R 31, 478, bei Haltung von Animierkneipen R 19, 310; 23, 390; 32, 230, bei Duldung unzüchtigen Verhaltens der Kellnerinnen und mangelhafter Beaufsichtigung nach dieser Richtung, R 16, 18; 17, 121; 31, 288; Erg 4, 390; vgl. auch R 45, 180; 47, 166.

7. Ausbeutung Unerfahrener, Leichtsinniger oder Willensschwacher, z. B. durch Verleitung zu übermäßigem Verbrauch oder zu leichtsinnigem Schuldenmachen.

8. **Sittliche oder gesundheitliche Schädigung Jugendlicher.** Die Bestimmung hat den Schutz der Jugend im Auge; vgl. § 16 Abs. 1 Ziff. 1 und 2, Abs. 2.

9. **Mißbrauch zum Vertriebe gesundheitsschädlicher, verfälschter oder verdorbener Nahrungs- und Genußmittel.** In Betracht kommen vor allem Verfehlungen gegen das Lebensmittelgesetz vom 5. 7. 1927 (RGBl 134), gegen das Weingesetz vom 25. 7. 30 (RGBl 355), gegen das Schlachtvieh- und Fleischbeschaugesetz vom 3. 6. 1900 (RGBl 547).

10. Ziff. 2. **Nichteinhaltung der Vorschriften über die Beschäftigung von Arbeitern und Angestellten.** Von dem Konzessionsinhaber wird außer der Zuverlässigkeit gegenüber den Gästen auch Zuverlässigkeit gegenüber dem Dienstpersonal in bezug auf Bezahlung des Arbeitslohns, Einhaltung der Arbeitszeit und Unterbringung verlangt (soziale Zuverlässigkeit). Der Verdacht der Unzuverlässigkeit muß auch hier durch Tatsachen begründet sein. Insbesondere kommen erhebliche Vorstrafen wegen Verfehlungen gegen das Arbeitsrecht in Betracht. Die einschlägigen Bestimmungen finden sich vor allem in der Arbeitszeitverordnung, in den Tarifverträgen, in §§ 120a ff. der GewO, im Kinderschutzgesetz, in den besonderen auf Grund des § 17 Abs. 2 hinsichtlich der weiblichen Arbeitnehmer erlassenen Vorschriften, sowie in der BRBek. vom 23. 1. 02, RGBl 33 über die Beschäftigung von Gehilfen und Lehrlingen in Gast- und Schankwirtschaften. Vgl. auch § 8 Abs. V der MB vom 15. 9. 31, GBBl 257, Anhang S. 82.

In den Wirtschaften zählt das gesamte Hilfspersonal — auch Putzerinnen, Küchen- und Zimmermädchen — zu den gewerblichen Arbeitern i. S. des Titels VII GewO, RGSt 47, 84; ObLGSt 28, 205.

11. Ziff. 3. **Räume.**

Die Erlaubnis ist gemäß § 3 Abs. 1 für bestimmte Räume zu erteilen. Daher ist eine Erlaubnis zum ambulanten Betrieb auf der Straße nicht zulässig.

Zu den Betriebsräumen zählen die Fremden-, Wirtschafts- und Nebenzimmer, Säle, Dielen, Wirtschaftsgärten, Kegelbahnen u. dergl., ferner auch die Nebenräume (Schenke,

Küche Speisevorratsräume, Keller, Aborte, Flure, Treppen, Zufahrten und Zugänge, Wirtschaftsstallungen, Einstellräume für Fuhrwerke und Kraftfahrzeuge). Vgl. § 9 der MV vom 15. 9. 31, GVBl 257, abgedruckt im Anhang S. 82.

Den **Arbeitern und Angestellten** müssen gesundheitlich einwandfreie Schlaf- und Unterkunftsräume zur Verfügung gestellt werden. Arbeitnehmerräume sind alle Räumlichkeiten, die regelmäßig dem Aufenthalt der Angestellten und Arbeiter des Betriebes bei Tag und Nacht dienen.

Vorschriften über die Anforderungen, welche hinsichtlich **Lage und Beschaffenheit** an die Betriebsräume zu stellen sind, erläßt das Landesrecht. S. § 10 der MV v. 15. 9. 31, GVBl. 257; vgl. ferner R 4, 19; 24, 28; 27, 22; 33, 27. Auf benachbarte Kirchen, Schulen, Krankenhäuser, Amtsgebäude usw. ist Rücksicht zu nehmen.

Die entsprechende Instandsetzung der Wirtschaftsräume ist gemäß § 11 GastG durch **Auflagen** herbeizuführen, R 35, 16.

Die Erlaubnis kann auch vor **Fertigstellung** der Räume erteilt werden, wenn sich deren Lage und Beschaffenheit aus den vorgelegten genehmigten Bauplänen genügend ersehen läßt, R 16, 133; 21, 11; 27, 359.

Hinsichtlich der **Realrechte** vgl. die Anm. zu § 24.

12. Ziff. 4. Öffentliches Interesse hinsichtlich der Verwendung der Räume: insbesondere soll verhindert werden, daß Räume, welche für Wohnzwecke dringend benötigt werden, in Wirtschaften umgewandelt werden.

13. Ziff. 5. Früherer Mißbrauch der Räume. Den Räumen haftet ein Makel an; es wird befürchtet, daß ihr gesetzwidriger Mißbrauch z. B. als Animierkneipen, auch künftig in der gleichen Weise fortgesetzt wird.

14. Abs. 2. Die Vertretung **nichtrechtsfähiger Vereine** regelt BGB §§ 54, 709ff.

§ 3

(1) Die Erlaubnis ist bei Gast- und bei Schankwirtschaften für eine bestimmte Betriebsart, für bestimmte Arten von Getränken und für bestimmte Räume zu

erteilen.[1] In der Erlaubnis zum Betrieb einer Gastwirtschaft oder zum Ausschank geistiger Getränke ist die Erlaubnis zum Ausschank nichtgeistiger Getränke enthalten.

(2) Die Erlaubnis zum Kleinhandel mit Branntwein ist für bestimmte Räume zu erteilen. Sie kann mit der Beschränkung erteilt werden, daß der Kleinhandel mit Branntwein dem Antragsteller nur im Betrieb eines von ihm in einer offenen Verkaufsstelle geführten Geschäfts bestimmter Art erlaubt wird.[2]

(3) Die Erlaubnis zum Ausschank von Branntwein schließt die Erlaubnis zum Kleinhandel ein.

(4) Die Erlaubnis darf weder auf Zeit noch auf Widerruf erteilt werden, soweit nicht dieses Gesetz es zuläßt.[3]

1. Nur eine bestimmte Erlaubnis ist zulässig. Daher müssen im Erlaubnisbescheid gemäß § 18 Ziff. 1 die Betriebsart, die zugelassenen Räume und die Arten der zugelassenen Getränke bezeichnet sein.

Betriebsart, z. B. Bierrestaurant, Weinrestaurant, Cafe, Sommerwirtschaft, Stehbierhalle, Automat, Bar, Diele, Kantine, Theaterbüffet.

Bei jeder wesentlichen Änderung der Räumlichkeiten, der Betriebsart oder der auszuschenkenden Getränke ist neue Erlaubnis nötig; vgl. § 30 Anm. 2. Dabei ist das Gesuch nach allen Richtungen, auch hinsichtlich des Bedürfnisses zu würdigen, R 31 450; 32, 261; Erg. 4, 206.

Unbefugte Änderungen können zur Zurücknahme der Erlaubnis führen, § 12 Ziff. 3.

2. Abs. 2. In diesem Falle wird die Erlaubnis unter einer auflösenden Bedingung erteilt; sie wird ungültig, wenn die Art des Geschäftes sich ändert, in welchem der Branntwein abgesetzt wird, z. B. wenn ein Feinkostgeschäft, in welchem Branntwein im Kleinen verkauft wird, in ein Zigarrengeschäft umgewandelt wird. Von der Befugnis nach Abs. 2 Satz 2 ist gemäß § 11 Abs. III

der MB vom 15. 9. 31, GBBl 257 (Anhang S. 82) im allgemeinen Gebrauch zu machen, es sei denn, daß es sich um eine mit einer Trinkbranntweinfabrik oder deren Lagerräumen örtlich verbundene Branntweinverkaufsstelle handelt.

3. Abs. 4. Die Erlaubnis darf nicht widerruflich und nicht „auf Zeit" erteilt werden, auch nicht mit Zustimmung des Gesuchstellers, R 29, 170; BGH 33, 148 (R 32, 210). Dagegen steht nichts im Wege, sie für die Dauer bestimmter vorübergehender Verhältnisse, z. B. eines Eisenbahn- oder Kanalbaues, zu gewähren, vgl. R 4, 400; 27, 46; 32, 210; 48, 13; auch kann sie für bestimmte Jahres- oder Tageszeiten erteilt werden; mit Rücksicht auf den Zustand des Schankraumes kann zur Bedingung gemacht werden, daß der Betrieb täglich zu einer bestimmten Stunde eingestellt wird, ObLGSt 30, 175. Auflösende Bedingungen enthalten eine zeitliche Beschränkung und sind unzulässig, R 31, 460.

Wenn sich eine solche Beschränkung nicht nur auf einen Nebenpunkt bezieht, sondern auf die Konzession an sich, so daß sie ohne diese Beschränkung nicht erteilt sein würde, so ist die erteilte Erlaubnis ungültig. Es geht nicht an, die unzulässige Bedingung oder Befristung als nicht beigefügt zu betrachten. Eine Erlaubnis ist in solchen Fällen überhaupt nicht erteilt; daher findet auch kein Zurücknahmeverfahren statt, sondern Aufhebung der gesetzwidrigen Entscheidung von Aufsichts wegen, R 24, 44; 27, 46; 30, 216; 31, 22 u. 460; 32, 20. A. M. BGH in R 47, 159.

Nach dem Willen des Gesetzgebers soll die Erlaubnis ganz versagt werden, wenn die Erteilung einer zeitlich unbeschränkten Erlaubnis nicht vertretbar erscheint.

Die juristischen Personen oder nicht rechtsfähigen Vereinen erteilte Erlaubnis erlischt kraft Gesetzes in 30 Jahren, § 5.

Eine widerrufliche Erlaubnis kann nach § 8 bei vorübergehenden Gelegenheiten, z. B. Volks-, Kirchweihfesten, Truppenmanövern erteilt werden. Ferner sind hier § 5 Abs. 2 und § 7 zu erwähnen, welche die vorläufige Zulassung zur Gewerbeausübung auf Widerruf vor förmlicher Erlaubniserteilung regeln.

§ 4

(1) Bei der Erteilung der Erlaubnis kann eine Frist bis zur Dauer eines Jahres bestimmt werden, inner-

halb deren der Betrieb begonnen sein muß, widrigenfalls die Erlaubnis erlischt.[1] Ist eine Frist nicht bestimmt, so erlischt die Erlaubnis, wenn der Inhaber den Betrieb nicht innerhalb eines Jahres nach Erteilung der Erlaubnis beginnt.[2] Die Fristen können verlängert werden, wenn ein wichtiger Grund vorliegt.

(2) Die Erlaubnis erlischt ferner, wenn der Inhaber seinen Betrieb seit einem Jahre nicht mehr ausgeübt hat, ohne daß ihm darüber hinaus eine Frist gewährt worden ist, innerhalb deren der Betrieb wieder aufgenommen werden muß.[3] Diese Frist beträgt höchstens ein Jahr; sie kann verlängert werden, wenn ein wichtiger Grund vorliegt.

(3) Der Inhaber einer Erlaubnis hat binnen einer Woche der zuständigen Behörde schriftlich anzuzeigen, daß er seinen Betrieb begonnen hat oder nicht mehr ausübt.[4]

1. Die Festsetzung einer Frist und ihrer Dauer ist Ermessenssache; unterbleibt die Festsetzung, so läuft die gesetzliche einjährige Frist. Die Frist beginnt mit Eintritt der Rechtskraft des Erlaubnisbescheides, § 18; R 31, 1. Fristberechnung BGB §§ 187—193.

2. Der Betrieb muß durch den Inhaber der Erlaubnis oder seinen zugelassenen Stellvertreter in einer der Erlaubnis entsprechenden Art begonnen worden sein.

3. Der Gewerbebetrieb kann durch den Geschäftsherrn selbst oder im Falle des § 6 durch seinen Stellvertreter ausgeübt werden. Der Pächter ist nicht Stellvertreter des Verpächters, sondern selbständiger Gewerbetreibender, der für sich einer Erlaubnis bedarf; die Verpachtung bedeutet Einstellung des eigenen Gewerbebetriebes, RErg 6, 180 und 182; R 49, 213. Die Ausübung muß der erteilten Erlaubnis entsprechen; vgl. § 3 Abs. 1.

Nach Erlöschen der Erlaubnis ist die Eröffnung des Betriebes strafbar (§ 30) und kann nach § 22 polizeilich verhindert werden.

4. Verletzung der Anzeigepflicht ist strafbar nach § 29 Ziff. 9. Neben der Anzeigepflicht nach Abs. 3 besteht die Pflicht zur Anzeige bei der Gemeindebehörde nach § 14 GewO; vgl. MB vom 12. 1. 00, GVBl 26, vom 13. 2. 10, GVBl 78, ferner § 46 der MB vom 27. 8. 26, GVBl 419.

Zuständige Behörde ist die Bezirksverw.-Beh., § 19 der V. vom 12. 9. 31, GVBl 251, abgedruckt im Anhang S. 73. Von der Befugnis nach Abs. 1 und 2 ist nur in Ausnahmefällen Gebrauch zu machen, wenn ohne Verlängerung eine besondere wirtschaftliche Härte eintreten würde; § 12 der MB vom 15. 9. 31. GVBl 257, abgedruckt im Anhang S. 82. Im Falle des Abs. 2 entscheidet die Bezirksverw.-Beh. endgültig, § 2 der V. vom 12. 9. 31, GVBl 251.

§ 5

(1) Die einer juristischen Person oder einem nichtrechtsfähigen Verein erteilte Erlaubnis erlischt mit dem Ablauf von 30 Jahren nach der Erteilung.[1] Erlaubnisse, die vor dem Tage des Inkrafttretens dieses Gesetzes[2] juristischen Personen oder nichtrechtsfähigen Vereinen erteilt worden sind, erlöschen mit dem Ablauf von 30 Jahren nach diesem Tage.[3]

(2) Ist die Erlaubnis in einem dieser Fälle erloschen, so kann die zuständige Behörde[4] die Fortsetzung des Gewerbes bis zur Erteilung einer neuen Erlaubnis auf Widerruf zulassen. § 7 Abs. 1 Satz 2 und 3 findet Anwendung.

1. Die Erlaubnis ist an dem Tage erteilt, an dem der Erlaubnisbescheid — § 18 Ziff. 1 — rechtskräftig geworden ist, R 31, 1. Die Frist ist zu berechnen nach §§ 188 Abs. 2, 187 Abs. 1 BGB.

2. D. i. vor dem 1. Juli 1930, § 36.

3. Nach Erlöschen der Erlaubnis ist die Fortführung des Betriebes nur mit neuer Erlaubnis zulässig. Die Verhängung einer Sperrfrist nach § 21 Abs. 2 steht der Wiedererteilung der Erlaubnis nicht entgegen.

4. Zuständige Behörde ist gemäß § 19 der V. vom 12. 9. 31, GVBl 251 die Bezirksverw.-Beh. (Bezirksamt, Stadtrat); sie entscheidet endgültig, § 24 Ziff. 1 a. a. O.

§ 6

(1) Die Ausübung der im § 1 Abs. 1 bezeichneten Gewerbe durch einen Stellvertreter[1] ist nur mit besonderer Erlaubnis (Stellvertretungserlaubnis)[2] der für die Erteilung der Erlaubnis zum Gewerbebetriebe zuständigen Behörde[3] gestattet.

(2) Die Erlaubnis wird für einen bestimmten Stellvertreter erteilt. Die Vorschriften des § 2 Abs. 1 Ziffer 1 und 2 und des § 4 gelten entsprechend.[4]

(3) Die Stellvertretungserlaubnis ist natürlichen Personen[5] zu erteilen, wenn

1. nach Erteilung der Erlaubnis zum Betriebe des Gewerbes Umstände eingetreten sind, die den Inhaber hindern, das Gewerbe persönlich auszuüben, insbesondere, wenn er in der Verfügung über sein Vermögen beschränkt worden ist;[6]
2. der Betrieb nach dem Ableben des Inhabers für seine Witwe während ihres Witwenstandes oder für seine minderjährigen Erben oder bis zur Beendigung einer Nachlaßauseinandersetzung fortgeführt werden soll.[7]

Sie ist zu versagen, wenn diese Voraussetzungen nicht vorliegen.[8]

(4) Juristische Personen und nichtrechtsfähige Vereine bedürfen einer Stellvertretungserlaubnis gemäß Abs. 1 nur, wenn sie den Betrieb durch andere Personen als die Antragsteller (§ 2 Abs. 2) führen.[9], [10]

1. Stellvertreter ist, wer auf Grund vertraglicher oder gesetzlicher Vollmacht den Betrieb für Rechnung und im Namen des Gewerbeinhabers, im übrigen aber selbständig führt und den Gewerbeinhaber nach außen vertritt, insbesondere auch die auf das Gewerbe bezüglichen Rechtsgeschäfte für ihn abschließt, R 30, 30; 34, 276; 43, 7.

Vom selbständigen Gewerbetreibenden unterscheidet sich der Stellvertreter hauptsächlich dadurch, daß ihn nicht die Gefahr (das Risiko) des Gewerbebetriebes trifft. Wer für seine eigene Rechnung ein Gewerbe betreibt, ist nicht Stellvertreter. Daher ist der Pächter einer Schankwirtschaft nicht Stellvertreter des Verpächters, auch wenn vereinbart sein sollte, daß er nach außenhin als Vertreter des Konzessionsinhabers gelten soll, R 43, 7. Verträge, die ein Stellvertretungsverhältnis vorspiegeln, um den Gewerbebetrieb ohne Erlaubnis zu ermöglichen, sind nichtig; R 37, 138, vgl. RErg 4, 47.

Der Gehilfe ist im Gegensatz zum Stellvertreter unter Aufsicht und Leitung des Gewerbetreibenden tätig. Ihm fehlt die Selbständigkeit. Als Stellvertreter ist regelmäßig nur anzusehen, wer an Stelle des mit dem Gewerbebetrieb sich nicht befassenden Geschäftsherrn aufgestellt wird; vgl. R 4, 9; 5, 19; 10, 387; 21, 20; 34, 276.

2. Die Erlaubnis soll nur ausnahmsweise unter den besonderen im Abs. 3 bezeichneten Voraussetzungen erteilt werden. Sie wird nicht dem Stellvertreter, sondern dem Inhaber der nach § 1 Abs. 1 erteilten Erlaubnis auf seinen Antrag erteilt.

Der eigenen Antragstellung steht die Antragstellung durch den bevollmächtigten oder gesetzlichen Vertreter gleich. Wenn der Inhaber der Erlaubnis in seiner Handlungs- oder Verfügungsfähigkeit beschränkt ist, so wird sein Wille durch den Willen seines Vertreters ersetzt; der letztere ist demgemäß befugt, um die Stellvertretungserlaubnis nachzusuchen. Als solche gesetzliche Vertreter kommen in Betracht der Vater, die Mutter, der Vormund, der Pfleger, der Konkursverwalter, vgl. R 7, 368; nicht aber der Zwangsverwalter, RErg. 3, 13; a. M. R 35, 38.

Die Erlaubnis nach § 6 ist auch dann erforderlich, wenn der Stellvertreter bereits vor dem Inkrafttreten des GastG. seine

Tätigkeit begonnen hat; denn nach dem GastG ist nicht zur Bestellung des Stellvertreters, sondern zur Gewerbeausübung durch ihn Erlaubnis nötig.

3. Zuständige Behörde ist gemäß § 19 der V. vom 12. 9. 31, GVBl 251 die Bezirksverw.-Beh. (Bezirksamt, Stadtrat) des Betriebssitzes.

Für das Verfahren gilt § 18, nicht aber § 19.

4. Abs. 2. Hinsichtlich der Zuverlässigkeit muß der Stellvertreter den gleichen Anforderungen genügen, wie der Betriebsinhaber; daher ist § 2 Abs. 1 Ziff. 1 und 2 entsprechend anwendbar. Vgl. § 13 Abs. II der MB vom 15. 9. 31, GVBl 257, abgedruckt im Anhang S. 82.

5. Die Stellvertretung juristischer Personen und nicht rechtsfähiger Vereine regelt Abs. 4.

6. Eine Verhinderung der persönlichen Gewerbeausübung kann durch Krankheit oder längere Abwesenheit eintreten.

Verfügungsbeschränkt sind die in Ziff. 2 genannten Minderjährigen, ferner Geisteskranke, Geistesschwache, entmündigte Verschwender und Trunksüchtige — BGB §§ 104, 106, 114 —, der Gemeinschuldner im Konkurs, — KO § 6 und §§ 50ff. des RGes vom 5. 7. 27, RGBl 139; vgl. R 7, 368. Wegen ihrer gesetzlichen Vertretung s. oben Anm. 2.

7. Ziff. 2 will das Recht des § 46 GewO übernehmen und ist ebenso auszulegen, wie dieser.

„GewO § 46. Nach dem Tode eines Gewerbetreibenden darf das Gewerbe für Rechnung der Witwe während des Witwenstandes, oder, wenn minderjährige Erben vorhanden sind, für deren Rechnung durch einen nach § 45 qualifizierten Stellvertreter betrieben werden, insofern die über den Betrieb einzelner Gewerbe bestehenden besonderen Vorschriften nicht ein anderes anordnen. Dasselbe gilt während der Dauer einer Kuratel oder Nachlaßregulierung."

a) Die Erlaubnis nach § 1 GastG ist eine höchstpersönliche; sie erlischt daher mit dem Tode des Inhabers. Jedoch bedürfen seine Witwe und seine minderjährigen Erben keiner neuen Erlaubnis. Sie treten an die Stelle des Verstorbenen und üben sein Gewerbe kraft eigenen Rechts aus, ObLG. GSt 28, 253. (RErg. 6, 16). Sie brauchen eine Anzeige nach § 14 nicht zu erstatten. Voraussetzung ist, daß die Erlaubnis dem Verstorbenen bereits rechtskräftig erteilt war, R 1, 366, ferner, daß sie zur Zeit des Todes noch nicht erloschen war; ohne Belang ist, ob das Gewerbe in diesem Zeitpunkt schon betrieben wurde oder noch im Betriebe war, R 16, 15. Das Recht der Witwe deckt sich mit dem des verstorbenen Ehemanns; bei Änderung des Betriebes oder der Räume bedarf sie neuer Erlaubnis, R 42, 6.

Die Witwe darf das Gewerbe auch persönlich weiterführen, R 4, 146; 8, 190; ObLGSt 28, 253, auch wenn sie nicht Erbin ist; sie kann das Gewerbe auch gemeinsam mit den minderjährigen Erben fortsetzen; ist dieses aber auf die Witwe oder die minderjährigen Erben allein übergegangen, so ist das Recht des ausgeschiedenen Teiles erloschen, R 19, 398; das Recht der Witwe endigt durch Wiederverheiratung, R 42, 6; die Erlaubnis kann ihr gemäß § 12 Abs. 2 Ziff. 1 GastG wegen eigener oder wegen Verfehlungen ihres verstorbenen Ehemanns, die der Behörde erst nach Erteilung der Erlaubnis bekannt geworden sind, entzogen werden, vgl. § 12 Anm. 6.

b) Im Falle der Nachlaßauseinandersetzung — BGB. §§ 2032, 2042 bis 2045 — kann ein Stellvertreter für die ruhende Erbschaft bestellt werden. Einem Mißbrauch der Stellvertretungserlaubnis kann dadurch vorgebeugt werden, daß die Erlaubnis nur für eine bestimmte Zeit erteilt wird (Begr.); vgl. Anm. 2.

8. Gegen die Versagung gibt es keine Berufung zum Verwaltungsgerichtshof, § 23 Buchst. b der V vom 12. 9. 31, GVBl 251, Anhang S. 73.

9. Juristische Personen üben die Erlaubnis durch ihre gesetzlichen Vertreter aus; diese können Stellvertreter bestellen.

Verfahren: § 18.

10. Die Erlaubnis nach § 1 kann zurückgenommen werden — § 12 Abs. 2 Ziff. 4 —, wenn der Betriebsinhaber seinen Betrieb ohne Erlaubnis durch einen Stellvertreter führen läßt. Strafbestimmung für den Geschäftsherrn § 30 Abs. 1 Ziff. 2 und Abs. 3, für den Stellvertreter, der ohne Erlaubnis oder nach ihrer Zurücknahme tätig ist, § 29 Ziff. 3; vgl. auch über die Haftung des Stellvertreters § 29 Ziff. 1 und 2.

Einen unzuverlässigen Stellvertreter — Abs. 2 — muß der Gewerbetreibende entlassen; sonst würde er sich der Gefahr der Zurücknahme der Erlaubnis nach § 12 Abs. 2 Ziff. 1 aussetzen; vgl. § 151 Abs. 2 GewO.; R 49, 10.

§ 7

(1) Die zuständige Behörde[1] kann Personen, die einen der im § 1 Abs. 1 bezeichneten Betriebe von einem anderen übernehmen, zur Ausübung des Gewerbes bis zur Erteilung der Erlaubnis auf Widerruf zulassen. Die Zulassung soll nicht für eine längere Zeit als 3 Monate erfolgen; diese Frist kann verlängert werden, wenn ein wichtiger Grund vorliegt. Die Entscheidungen sind endgültig.

(2) Die Vorschrift des Abs. 1 findet auf die vorläufige Zulassung eines Stellvertreters entsprechende Anwendung.

1. Zuständige Behörde ist gemäß § 19 der V. v. 12. 9. 31, GVBl. 251 die Bezirksverw.-Beh. (Bezirksamt, Stadtrat) des Betriebssitzes.

Die widerrufliche Zulassung zur Ausübung des Gewerbes (Vorerlaubnis) ist im allgemeinen zu erteilen, wenn das Bedürfnis für die Fortführung des Betriebs voraussichtlich anzuerkennen ist und Bedenken gegen die persönliche Zuverlässigkeit des Antragstellers im Sinne des § 1 Abs. 1 Ziff. 1 und 2 GastG nicht bestehen. Die Zulassung ist stets für einen bestimmten Zeitraum mit der Maßgabe zu erteilen, daß sie außer Wirkung tritt, sobald über den Antrag im Erlaubnisverfahren rechtskräftig entschieden ist, § 14 der MB vom 15. 9. 31, GVBl 257, abgedruckt im Anhang S. 82.

§ 8

(1) Bei einem vorübergehenden Bedürfnis kann der Betrieb einer Gast- oder Schankwirtschaft vorübergehend auf Widerruf gestattet werden. Dabei sind orts-

ansässige Inhaber einer Erlaubnis im Sinne des § 1 Abs. 1 in der Regel vor anderen zu berücksichtigen.[1 2] Dem Betriebsinhaber können Auflagen[3] gemacht werden.

(2) Ein vorübergehendes Bedürfnis ist für den Ausschank geistiger Getränke bei Schul- und Jugendfesten sowie bei Sportfesten, an denen überwiegend Jugendliche beteiligt sind, nicht anzuerkennen.

(3) Die oberste Landesbehörde kann die näheren Anordnungen treffen.

1. § 8 Abs. 1 enthält eine Ausnahme von der Regel des § 3 Abs. 4: „Die Ermächtigung des § 8 beschränkt sich auf die — stets widerrufliche — Gestattung des Betriebs einer Gast- oder Schankwirtschaft bei vorübergehenden Gelegenheiten (z. B. bei Volksfesten, Kirchweihfesten, Truppenmanövern). Es liegt im Ermessen der nach Landesrecht zuständigen Behörde, inwieweit sie von der hier gegebenen Ermächtigung Gebrauch machen will. Sie kann insbesondere die Gestattung auf den Ausschank bestimmter Arten von Getränken beschränken und demgemäß den Ausschank von Branntwein ganz ausschließen. Für den Kleinhandel mit Branntwein gilt die Ermächtigung nicht." (Begr.).

Vorübergehend ist ein Bedürfnis, wenn von vorneherein übersehen werden kann, daß es innerhalb bestimmter kurzer Frist befriedigt ist. Wenn aber ein Wirtschaftsbetrieb mit einem Unternehmen in Verbindung steht, dessen Ausführung Monate beansprucht — z. B. Kantinen für Arbeiter bei Eisenbahn-, Kanalbauten u. dgl. —, so ist § 8 nicht anwendbar, sondern es ist Erlaubnis nach § 1 GastG erforderlich; vgl. § 3 Anm. 3. Das Bedürfnis ist streng zu prüfen; die Grundsätze der V. vom 21. 6. 30, RGBl 191 sind dabei anzuwenden. Die Erlaubnis darf nur erteilt werden, wenn gegen die Person des Antragstellers und gegen die Wirtschaftsräume keine polizeilichen Bedenken bestehen. Bei der Gestattung sind die Betriebsdauer und die Betriebszeit an den einzelnen Tagen dem Bedürfnis entsprechend festzusetzen; die zugelassenen Räume und Getränke und die Betriebsart sind genau zu bezeichnen; § 15 der MB vom 15. 9. 31, GBBl 257, abgedruckt im Anhang S. 82.

2. § 8 bezieht sich nur auf den stehenden Gewerbebetrieb von fester Betriebsstätte aus, die Vorschriften in §§ 42a Abs. 3, 56 Abs. 2 Ziff. 1, § 67 Abs. 2 GewO werden daher durch § 8 nicht berührt.

Nach § 42a Abs. 3 kann das Feilbieten geistiger Getränke zum Genuß auf der Stelle von Haus zu Haus oder auf öffentlichen Wegen, Straßen, Plätzen oder an anderen öffentlichen Orten (ambulanter Ausschank) von der Ortspolizeibehörde im Falle besonderen Bedürfnisses vorübergehend gestattet werden. Strafbestimmung § 148 Ziff. 5 GewO.

§ 56 Abs. 2 Ziff. 1 ermächtigt die Ortspolizeibehörde, das Feilbieten geistiger Getränke im Umherziehen im Falle besonderen Bedürfnisses vorübergehend zu gestatten. Außer der ortspolizeilichen Erlaubnis ist auch ein Wandergew.-Sch., welcher dem § 60 Abs. 1 Satz 2 GewO zu entsprechen hat, erforderlich. Strafbestimmung § 148 Ziff. 7a, § 148 Ziff. 7 GewO.

Nach § 67 Abs. 2 GewO bedarf es zum Verkauf von geistigen Getränken auf Jahrmärkten der Genehmigung der Ortspolizeibehörde. Fehlt diese, so liegt ein solcher Ausschank außerhalb der Grenzen des Marktverkehrs und ist, wenn es sich um einen stehenden Gewerbebetrieb handelt, nach § 30 GastG, wenn es sich um G. i. U. handelt, nach § 148 Ziff. 7a, § 148 Ziff. 7 GewO. strafbar; R 3, 138.

Vgl. § 15 Abs. V der MB vom 15. 9. 31, GBBl 257, abgedruckt im Anhang S. 82.

Zuständig zur Erlaubniserteilung nach § 8 ist gemäß § 19 Abs. 2 der B. vom 12. 9. 31, GBBl 251 die Ortspolizeibehörde des Betriebssitzes. Gegen ihre Entscheidung ist binnen 14 Tagen die Beschwerde an die vorgesetzte Behörde zulässig.

3. Auflagen können erforderlich sein zum Schutz der Gäste, der Angestellten und der Nachbarschaft. Werden sie nicht beachtet, so kann die Erlaubnis widerrufen werden. § 29 Ziff. 1 ist nicht anwendbar.

§ 9

(1) Der Ausschank von Milch in Räumen, die dem Milchverkaufe dienen, bedarf während der für den Milchverkauf festgesetzten Verkaufszeit keiner Erlaubnis.[1]

(2) Der Erlaubnis bedarf ferner nicht der Ausschank von Milch bei außergewöhnlichen Gelegenheiten.[2]

1. Der gelegentliche Verkauf von Milch durch den Erzeuger zum sofortigen Genuß gehört zum landwirtschaftlichen Betrieb und ist erlaubnisfrei.

Auch der gewerbsmäßige Milchausschank ist unter den Voraussetzungen des § 9 ohne Erlaubnis zulässig. Die Beschränkung auf den Ausschank in Verkaufsräumen und auf die Verkaufszeit für den Milchhandel hat den Zweck, die polizeiliche Aufsicht zu ermöglichen.

Milchverkaufsstellen sind auch Milchstuben, Milchwagen und Milchstände, die dem Verkauf, also nicht ausschließlich dem Ausschank von Milch zum sofortigen Genuß dienen. Milch sind außer Frischmilch jeder Tiergattung auch Zubereitungen aus reiner Milch (z. B. gekochte Milch, Sauermilch, Kephir, Joghurt); § 16 der MB vom 15. 9. 31, GVBl 257, abgedruckt im Anhang S. 82.

Über die Untersagung des Milchausschanks vgl. § 13.

2. Außergewöhnliche Gelegenheiten, vgl. § 8 Anm. 1.

§ 10

(1) Die oberste Landesbehörde oder die von ihr beauftragte Behörde kann bestimmen, daß der Ausschank selbsterzeugten Weines oder Apfelweins für die Dauer von höchstens 4 Monaten und, wo dies bisher nach Landesrecht zulässig war, von höchstens 6 Monaten, und zwar zusammenhängend oder in zwei Zeitabschnitten im Jahre keiner Erlaubnis bedarf.[1]

(2) Personen, die nach Maßgabe des Abs. 1 selbsterzeugten Wein oder Apfelwein ausschenken wollen, haben der Ortspolizeibehörde die Menge des selbsterzeugten und zum Ausschank bestimmten Weines oder Apfelweins sowie den Zeitraum, während dessen der Ausschank erfolgen soll, anzumelden.

1. § 10 enthält Bestimmungen über die sog. Strauß-, Kranz- oder Besenwirtschaften, wo der Winzer (Obstbauer) seinen selbstgewonnenen Wein oder Apfelwein im eigenen Hause ausschenkt und dies durch Aushang eines Straußes, eines Besens oder Kranzes zu erkennen gibt.

„Selbsterzeugt" ist nur das Erzeugnis, das selbsthergestellt worden ist, und zwar aus Früchten, welche auf eigenem oder gepachtetem Grund und Boden erzeugt worden sind

Für Bayern kommt außer § 10 auch § 28 GastG in Betracht, wonach der Ausschank selbsterzeugter Getränke im bisherigen Umfange zulässig ist.

§ 11

(1) Dem Inhaber einer Gast- oder Schankwirtschaft können von der für die Erlaubniserteilung zuständigen Behörde[1] bei Erteilung oder auf Antrag der Polizeibehörde nach Erteilung der Erlaubnis Auflagen gemacht werden:[2]

a) zum Schutze der Gäste, Angestellten und Arbeiter gegen Gefahren für Leben, Gesundheit oder Sittlichkeit,[3]

b) zum Schutze der Bewohner des Grundstücks und der Nachbargrundstücke sowie der Bevölkerung gegen erhebliche Nachteile oder Belästigungen.[4], [5]

(2) Ist in einem Betriebe der Ausschank geistiger Getränke gestattet, so hat der Betriebsinhaber auch nicht geistige Getränke bereit zu halten.[6]

1. Zuständige Behörde ist die Bezirksverw.-Beh., § 19 der V. vom 12.9.31, GVBl 251; Verfahren §§ 23, 24 a. a. O. Berufung zum VGH wegen der Anordnung von Auflagen ist unzulässig.

2. Zweck der Auflagen ist, die an eine Gast- oder Schankwirtschaft zu stellenden Anforderungen zur Geltung zu bringen, insbesondere die entsprechende Beschaffenheit der Betriebsräume herbeizuführen.

Werden die Auflagen **bei Erteilung** der Erlaubnis gemacht, so müssen sie in dem Erlaubnisbescheid gemäß § 18 Ziff. 1 angegeben werden.

Auch **nach Erteilung der Erlaubnis** sind Auflagen zulässig, jedoch **nur** auf besonderen Antrag der Polizeibehörde und nur durch einen förmlichen, im Verwaltungsrechtsweg anfechtbaren Bescheid. **Polizeibehörden** sind in Bayern die Ortspolizeibehörden. Auch die Gewerbeaufsichtsbeamten sind befugt, Auflagen bei den Erl.-Beh. zu beantragen, § 17 Abs. 2 der MB vom 15. 2. 31, GVBl 257, abgedruckt im Anhang.

Zulässig sind nur Auflagen zur Erreichung der im Abs. 1 Buchst. a und b angegebenen **Zwecke**.

Zu den **Schankwirtschaften** gehören auch die im § 28 erwähnten erlaubnisfreien Betriebe; letzteres ergibt sich daraus, daß im § 28 auf § 12 Ziff. 5 und dort wieder auf § 11 verwiesen wird.

3. Über den **Arbeiterschutz** vgl. §§ 120a—e GewO. (s. Anhang B), auch oben § 2 Anm. 11.

4. Buchst. b. Es sollen Vorkehrungen möglich sein gegen die vielfachen Belästigungen und Nachteile, denen die Bewohner dieser Grundstücke durch **Einwirkungen aller Art** (Küchenlärm, Musik, Gesang u. a., vgl. § 906 BGB) ausgesetzt sind, sofern sie als **erheblich** anzusehen sind (Begr.).

§ 906 BGB lautet:

§ 906. Der Eigentümer eines Grundstücks kann die Zuführung von Gasen, Dämpfen, Gerüchen, Rauch, Ruß, Wärme, Geräusch, Erschütterungen und ähnliche von einem anderen Grundstück ausgehende Einwirkungen insoweit nicht verbieten, als die Einwirkung die Benutzung seines Grundstücks nicht oder nur unwesentlich beeinträchtigt oder durch eine Benutzung des anderen Grundstücks herbeigeführt wird, die nach den örtlichen Verhältnissen bei Grundstücken dieser Lage gewöhnlich ist. Die Zuführung durch eine besondere Leitung ist unzulässig.

Über das polizeiliche Einschreiten gegen ruhestörenden Lärm beim Betrieb einer Kegelbahn vgl. R 27, 625; 49, 283; s. auch PolStGB Art. 34 und § 4 der V. vom 21. 5. 97, GVBl 197.

Wenn die öffentliche Ruhe und Ordnung gestört wird, sind die Polizeibehörden zu sofortigem Einschreiten berechtigt und verpflichtet.

5. Strafbestimmung bei Nichterfüllung der Auflagen § 29 Ziff. 1. Die Zulässigkeit der Auflagen unterliegt der gerichtlichen Prüfung, R 24, 28; 33, 27; 36, 14 u. 305. Nach § 12 Abs. 2 Ziff. 5 kann die Erlaubnis zurückgezogen werden, wenn die Auflagen nicht vollzogen werden.

6. Abs. 2 enthält eine gesetzliche Auflage. Zuwiderhandlungen bei Vorsatz oder grober Fahrlässigkeit fallen unter § 29 Ziff. 1. Vgl. § 17 Abs. 3 der MV vom 15. 9. 31, GVBl 257.

II. Verlust der Gewerbebefugnis[1]

§ 12

(1) Die Erlaubnis zum Betrieb eines der im § 1 Abs. 1 bezeichneten Gewerbe oder zur Ausübung des Gewerbes durch einen Stellvertreter muß von der für die Erlaubniserteilung zuständigen Behörde zurückgenommen werden,[2] wenn sie der Betriebsinhaber vorsätzlich durch unrichtige Angaben erwirkt hat.[3]

(2) Die Erlaubnis kann zurückgenommen werden:[4]

1. wenn der für die Zurücknahme zuständigen Behörde[5] Tatsachen bekannt werden, welche die Versagung der Erlaubnis nach § 2 Abs. 1 Ziffer 1 oder 2 rechtfertigen würden,[6]
2. wenn sie der Betriebsinhaber durch Angaben erwirkt hat, deren Unrichtigkeit er bei Anwendung der erforderlichen Sorgfalt hätte kennen müssen,[7]
3. wenn die Betriebsart, für welche die Erlaubnis erteilt worden ist, unbefugt geändert wird, oder wenn andere als die zugelassenen Getränke ausgeschenkt oder andere als die zugelassenen Räume zum Betriebe verwendet werden,[8]

4. wenn der Betriebsinhaber seinen Betrieb ohne Erlaubnis durch einen Stellvertreter führen läßt,[9]

5. wenn der Betriebsinhaber oder sein Stellvertreter die gemäß § 11 gemachten Auflagen nicht vollzieht,

6. wenn der Betriebsinhaber oder sein Stellvertreter in dem Betriebe Personen beschäftigt, von denen er weiß oder den Umständen nach annehmen muß, daß ihre Beschäftigung nach § 17 Abs. 1 untersagt ist.[10], [11]

1. Das Recht aus der erteilten Erlaubnis **endigt**, abgesehen von dem Falle des § 12:

a) durch Nichtausübung gemäß § 4 Abs. 1 und 2 GastG;

b) durch den Tod des Inhabers; vgl. jedoch § 6 Anm. 7;

c) durch Verzicht, welcher der zuständigen Behörde gegenüber ausdrücklich oder durch schlüssige Handlungen (Rückgabe der Konzessionsurkunde) erklärt werden kann, R 23, 383; 26, 212; 29, 15; 31, 29; 48, 273; RErg. 6, 12.

Die Verpachtung oder Veräußerung einer Wirtschaft hat das **Erlöschen** der Erlaubnis des Verpächters oder Verkäufers nicht zur Folge, diese erlischt vielmehr erst durch Zeitablauf. VGH 1, 69 u. 122 (R 1, 120 f.), 4, 306 (R 4, 9); R 8, 347; 15, 133; 24, 261; 48, 327; Erg 4, 47. Dabei ist es nicht von Belang, ob der Pächter die Erlaubnis besitzt oder nicht. Auch wenn er, im letzteren Falle, um die Behörde zu täuschen, als Stellvertreter bezeichnet wird, erlischt die Konzession des Verpächters infolge Nichtausübung durch Zeitablauf, R 24, 261; Erg 4, 47.

Die Erlaubnis erlischt auch nicht durch die Zwangsversteigerung der Räume, für die sie erteilt worden ist, R 28, 189. Der Untergang der Geschäftsräume durch Feuer oder Abbruch bewirkt nicht das Erlöschen der Erlaubnis; werden diese in gleicher Weise wiederhergestellt, so bedarf es keiner neuen Erlaubnis, R 3, 15. Ebensowenig erlischt die Erlaubnis infolge der privatrechtlichen Unmöglichkeit, sie auszuüben, VGH 3, 360.

d) Die einer juristischen Person oder einem nicht rechtsfähigen Verein erteilte Erlaubnis erlischt in 30 Jahren, § 5 Abs. 1.

c) Die Erlaubnis zum Branntweinkleinhandel erlischt, wenn sie für ein Geschäft bestimmter Art erteilt wurde und dieses Geschäft eine Änderung seiner Art erfahren hat, § 2 Abs. 2 Satz 2.

2. Die **Zurücknahme** der Erlaubnis ist der Verwaltungsakt, welcher die Erlaubnis zum Erlöschen bringt. Sie setzt eine rechtsgültig erteilte Erlaubnis voraus, R 30, 216, und kann erfolgen, solange diese Erlaubnis besteht, also auch noch nach Einstellung des Gewerbebetriebes; vgl. R 49, 209. Der Betroffene genießt verwaltungsrechtlichen Schutz.

Das Verfahren zur Zurücknahme der Erlaubnis ist von der Erlaubnisbehörde grundsätzlich von Amts wegen einzuleiten. Das Jugendamt wie die Ortspolizeibehörde ist befugt, die Zurücknahme der Erlaubnis anzuregen; die Ortspolizeibehörde ist hierzu verpflichtet, wenn ihr Tatsachen bekannt werden, die die Zurücknahme der Erlaubnis rechtfertigen können, § 18 der MB vom 15. 9. 31, GVBl 257, abgedruckt im Anhang S. 82.

3. Die Erlaubnis muß zurückgenommen werden, wenn der Betriebsinhaber sie durch unrichtige Angaben erwirkt hat. In diesem Falle ist die Behörde durch den Bewerber getäuscht worden und der Tatbestand, welcher ihrem Bescheid zugrunde liegt, stimmt daher in wesentlichen Punkten nicht mit der Wirklichkeit überein. Voraussetzung der Zurücknahme nach Abs. 1 ist vorsätzliches Handeln; bei Fahrlässigkeit kommt Abs. 2 Ziff. 2 in Betracht. Vgl. R 7, 188; 39, 246 (Vorlegung eines unrichtigen Leumundszeugnisses); auch R 7, 357 (Erschleichung der Erlaubnis unter falschem Namen).

4. In den Fällen des Abs. 2 ist über die Zurücknahme nach pflichtgemäßem Ermessen zu entscheiden.

5. Zuständige Behörde ist die Bezirksverw.-Beh., § 19 der V. vom 12. 9. 31, GVBl 251; Verfahren: §§ 20ff. a. a. O. S. Anhang S. 73. Vor Zurücknahme der Erlaubnis ist die Ortspolizeibehörde zu hören, § 19 Abs. 1 GastG.

6. Vgl. § 2 Anm. 2 bis 10. In Betracht kommen alle Handlungen oder Unterlassungen des Gewerbetreibenden, sowie sonstige Tatbestände — § 2 Anm. 2 —, welche zu dem Schlusse nötigen, daß ihm die erforderliche persönliche Zuverlässigkeit mangelt. Auch solche Tatsachen, die schon vor Erteilung der Erlaubnis sich zugetragen haben, rechtfertigen die Zurücknahme, wenn sie der Behörde erst später bekannt geworden sind.

Jedoch müssen — im Hinblick auf § 1 Abs. 2 GewO — diese Tatsachen nach dem Inkrafttreten des Notges., also nach dem 27. 2. 23, und, wenn es sich um die soziale Unzuverlässigkeit handelt, nach dem Inkrafttreten des GastG. eingetreten sein; vgl. Rohmer GastG S. 61; R 47, 4; a. M. R 46, 1; 49, 211.

7. Vgl. Anm. 3. Auch hier muß ein ursächlicher Zusammenhang zwischen den falschen Angaben und der Erlaubniserteilung bestehen.

8. Vgl. § 3 Anm. 1.

9. Stellvertreter, vgl. § 6; § 7 Abs. 2.

10. Ziff. 6. Die Beschäftigung unzuverlässiger Personen bei der Leitung oder Beaufsichtigung des Betriebes kann auch für sich allein als Tatsache gewertet werden, welche die Unzuverlässigkeit begründet; vgl. § 151 GewO.; R 49, 10.

11. Strafbestimmung bei Weiterführung des Betriebes nach Erlöschen oder Zurücknahme der Erlaubnis § 30 Abs. 1 Ziff. 1 und Abs. 3; polizeiliches Einschreiten § 22.

§ 13

(1) Der Kleinhandel mit Bier oder Wein sowie der Ausschank von Milch im Falle des § 9 können untersagt werden, wenn der Gewerbetreibende den Betrieb einer Schankwirtschaft oder den Kleinhandel mit Branntwein ohne Erlaubnis ausgeübt hat und deshalb innerhalb der letzten 3 Jahre rechtskräftig bestraft worden ist.[1]

(2) Die zuständige Behörde kann die Wiederaufnahme des Gewerbebetriebs gestatten, wenn seit der Untersagung mindestens ein Jahr verflossen ist.[2]

(3) Die Reichsregierung kann mit Zustimmung des Reichsrats die Voraussetzungen bestimmen, unter denen der Handel mit Bier oder Wein als Kleinhandel im Sinne dieses Gesetzes anzusehen ist.[3] Soweit die Reichs-

regierung Bestimmungen hierüber nicht erlassen hat, können die obersten Landesbehörden sie erlassen.

1. Der **Kleinhandel** unterscheidet sich vom Ausschank dadurch, daß Getränke zum Mitnehmen, beim Ausschank aber zum Genuß auf der Stelle verkauft werden, vgl. § 1 Anm. 2. Zur Begründung der Untersagung reicht eine einmalige Bestrafung aus; doch darf sie nicht mehr als 3 Jahre zurückliegen. Bestrafung wegen Beihilfe zum verbotenen Ausschank genügt, BGH 31, 145 (RErg 4, 214). Eine Bestrafung des andern Ehegatten kommt in Betracht, wenn dem Ehemann deswegen der Kleinhandel untersagt ist, und die Ehefrau nur als Geschäftsinhaberin vorgeschoben wird, BGH 31, 133 (R 30, 395).

Durch gnadenweisen Straferlaß wird die Tatsache der Bestrafung nicht aufgehoben.

Auch ein bereits aufgegebener Gewerbebetrieb kann untersagt werden, wenn mit seiner baldigen Wiederaufnahme zu rechnen ist, R 49, 209; BGH 24, 279.

Die Untersagung wirkt für das ganze Reich; vgl. R 19, 394; 26, 334; a. M. 31, 19.

Zuständig zur Untersagung ist die Bezirksverw.-Beh., § 19 der V. vom 12. 9. 31, GVBl. 251, abg. im Anhang S. 73.

Bezüglich des Verfahrens vgl. §§ 20 a. a. O. Der Verw.-Ger.-Hof ist, wenn die Untersagung des Kleinhandels mit Wein — anders also bei Bier — oder des Ausschanks von Milch oder des Betriebes einer Speisewirtschaft (§ 25) angefochten wird, nicht zuständig, § 23 Buchst. e a. a. O.

2. Ein Rechtsanspruch auf Gestattung der Wiederaufnahme besteht nicht, daher auch kein Rechtsmittel gegen die Gesuchsabweisung, R 24, 42; 29, 350.

Zuständige Behörde ist die Bezirksverw.-Beh. des Betriebssitzes; sie entscheidet im einfachen Verwaltungsverfahren.

3. Abs. 3. Über die Abgrenzung des Kleinhandels mit Bier oder Wein bestimmt § 10 der V. vom 21. 6. 30, RGBl 191, abgedr. im Anhang S. 112:

„Als Kleinhandel mit Bier oder Wein im Sinne des § 13 Abs. 1 des Gaststättengesetzes gilt jede gewerbsmäßige und in den Fällen des § 23 Abs. 1 des Gaststättengesetzes auch die nicht gewerbsmäßige Abgabe von Bier oder Wein unmittelbar an Verbraucher. Verbraucher im Sinne dieser Vorschrift ist, wer Bier oder Wein zum persönlichen Genuß oder zur Verwendung im eigenen Haushalt bezieht."

Kleinhandel ist auch die Abgabe von Bier in Fässern an die Verbraucher. Auf die Art der Gebinde kommt es nicht an, auch nicht auf die Größe des Umsatzes.

Die ortsübliche Abgabe von Bier oder Wein über die Straße durch Wirte (sog. Gassenschank; vgl. § 1 Anm. 2) ist nicht Kleinhandel; § 19 Abs. 1 der MB vom 15. 9. 31, GVBl 257.

Wegen der bayerischen Sonderregelung des Kleinhandels mit Bier s. Bierkleinhandelsgesetz vom 27. 8. 31, GVBl 223, abgedr. S. 67, Vollz.-V. vom 12. 9. 31, GVBl 255 Anhang S. 103 und Vollz.-Bek. vom 15. 9. 31, GVBl 270, abgedruckt unten S. 107.

III. Umfang der Gewerbebefugnis

§ 14

(1) Die oberste Landesbehörde oder die von ihr bestimmte Behörde hat Bestimmungen über die Festsetzung und Handhabung der Polizeistunde in Gast- oder Schankwirtschaften nach Anhörung der wirtschaftlichen Vereinigungen der Arbeitgeber und Arbeitnehmer des Gast- und Schankwirtschaftsgewerbes zu erlassen, soweit dies nicht schon geschehen ist. Dabei ist anzuordnen, wann die Polizeistunde beginnt und wann sie endet, unter welchen Voraussetzungen sie verlängert oder verkürzt werden darf und wie ihre Einhaltung zu überwachen ist.[1]

(2) Die äußerste Grenze für die Festsetzung der Polizeistunde ist 1 Uhr nachts, sofern nicht besondere örtliche Verhältnisse eine Ausnahme rechtfertigen, worüber die oberste Landesbehörde oder die von ihr bestimmte Behörde entscheidet. Der Ausschank von Branntwein in Gast- oder Schankwirtschaften sowie

der Kleinhandel mit Branntwein darf nicht vor 7 Uhr früh beginnen.[2]

1. Die Festsetzung der **Polizeistunde** ist den Ländern überlassen, die aber an die Vorschriften des § 14 gebunden sind.

Unter Polizeistunde ist der Zeitraum zu verstehen, nach dessen Beginn und vor dessen Ende das Verweilen von Schankgästen in den Schankräumen verboten ist.

In Bayern ist die Polizeistunde durch die V. vom 26. 6. 30, GVBl 197 und die MB vom gleichen Tage, GVBl 198 geregelt. Beide sind im Anhang S. 116, 118 abgedruckt.

Zuwiderhandlungen gegen diese Verordnung sind als Übertretungen nach § 29 Ziff. 6 bis 8 strafbar.

Die auf § 14 gestützte Regelung der Polizeistunde gilt nicht für die im § 27 Abs. 1 und 2 erwähnten Bahnhofswirtschaften, da auf diese das GastG keine Anwendung findet. Jedoch ist nach den im Anhang S. 121 abgedruckten Richtlinien nach Eintritt der örtlichen Polizeistunde der Ausschank von alkoholischen Getränken grundsätzlich verboten. Eine Strafbestimmung fehlt. Vgl. für das frühere Recht R 47, 147.

2. § 1 Abs. 4 der V. vom 26. 6. 30, GVBl 197, deckt sich mit dieser Bestimmung. Die Frühpolizeistunde soll verhindern, daß Arbeiter schon vor Arbeitsbeginn Branntwein genießen können. Strafbestimmung § 29 Ziff. 8.

§ 15

Die oberste Landesbehörde oder die von ihr bestimmte Behörde kann den Ausschank von Branntwein und den Kleinhandel mit Trinkbranntwein für bestimmte Morgenstunden sowie an höchstens zwei Tagen in der Woche, insbesondere an Lohn- oder Gehaltszahlungstagen, Wahltagen für den Reichstag, den Landtag oder die Gemeindevertretung, ganz oder teilweise verbieten oder beschränken.[1] Weitergehende landesrechtliche Bestimmungen bleiben unberührt.

1. Anordnungen dieser Art sind bisher mehrfach auf Grund der BRB vom 26. 3. 1915 (RGBl 183) erlassen worden. Diese Bek. ist durch § 33 Ziff. 4 GastG aufgehoben worden.

Nach der Erklärung des Reichswirtschaftsministers in der RT.-Sitzung vom 4. 4. 30 sollen solche Anordnungen nur getroffen werden, sofern die örtlichen Verhältnisse sie im öffentlichen Interesse rechtfertigen.

§ 16

(1) Verboten ist:

1. an Personen, die das 18. Lebensjahr noch nicht vollendet haben, Branntwein[1] oder überwiegend branntweinhaltige Genußmittel[2] im Betrieb einer Gast- oder Schankwirtschaft oder im Kleinhandel zu eigenem Genusse[3] zu verabreichen;
2. an Personen, die das 16. Lebensjahr noch nicht vollendet haben, in Abwesenheit des zu ihrer Erziehung Berechtigten oder seines Vertreters[4] auch andere geistige Getränke[5] oder Tabakwaren im Betrieb einer Gast- oder Schankwirtschaft zu eigenem Genusse zu verabreichen;[6]
3. geistige Getränke im Betrieb einer Gast- oder Schankwirtschaft oder im Kleinhandel an Betrunkene[7] zu verabreichen;
4. Branntwein oder überwiegend branntweinhaltige Genußmittel durch Automaten feilzuhalten;
5. das Verabfolgen von Speisen in Gast- oder Schankwirtschaften von der Bestellung von Getränken abhängig zu machen oder bei der Nichtbestellung von Getränken eine Erhöhung der Preise eintreten zu lassen;
6. Branntwein oder überwiegend branntweinhaltige

Genußmittel auf Turn-, Spiel-, Sport-Plätzen oder -Hallen zu verabreichen.

(2) Landesrechtliche Bestimmungen zum Schutze der Jugend, die über die Ziffern 1 und 2 des Abs. 1 hinausgehen, bleiben unberührt.[8]

1. Branntwein: s. § 1 Anm. 3.

2. Hierher gehören Likörbonbons, Eis und Creme mit Likörzusatz. Ob der Branntweinzusatz als „überwiegend" anzusehen ist, hängt von den Umständen des einzelnen Falles ab. Nach der Auffassung des Reichstags gehören auch die aus dem Ausland eingeführten aufgespriteten Süßweine zu den „überwiegend branntweinhaltigen Genußmitteln".

3. Die Abgabe zum Genusse für andere, ältere Personen ist nicht verboten.

4. Erziehungsberechtigte sind Eltern, Vormünder und Pfleger sowie solche Personen, welche den Jugendlichen mit ausdrücklicher oder stillschweigender Zustimmung seines gesetzlichen Vertreters als Erzieher, Lehrer, Lehrmeister oder in einem ähnlichen Verhältnis in ihre Obhut genommen haben (Begr.).

5. Andere geistige Getränke, nämlich andere als Branntwein, z. B. Wein, Bier, Apfelwein.

6. Über verbotenen Wirtshausbesuch vgl. Art. 56, ferner Art. 31 PolStGB.

7. Betrunkene. Der Rauschzustand muß äußerlich in die Erscheinung treten und von jedermann, also auch vom Wirt, erkennbar sein. Vgl. Art. 55 Abs. 1 PolStGB: Entfernung Betrunkener aus Wirtschaften.

8. Strafbestimmung § 29 Ziff. 8; bei Rückfall § 30 Abs. 2. Die Feststellung des Schutzalters — § 16 Ziff. 1 und 2 — wird manchmal schwierig sein; der Wirt wird sich nur dann strafbar machen, wenn er absichtlich oder grobfahrlässig gegen die gesetzlichen Bestimmungen verstößt.

§ 17

(1) Die Beschäftigung einer Person bei der Leitung oder Beaufsichtigung[1] eines der im § 1 Abs. 1 bezeich-

neten Betriebe kann von der zuständigen Behörde[2] untersagt werden, wenn die Annahme gerechtfertigt ist, daß die Person die erforderliche Zuverlässigkeit nicht besitzt, insbesondere, wenn die Voraussetzungen des § 2 Abs. 1 Ziffer 1 oder 2 gegeben sind.[3] Die zuständige Behörde kann die Wiederbeschäftigung gestatten, wenn seit der Untersagung mindestens ein Jahr verflossen ist.[4]

(2) Über die Zulassung, das Verhalten und die Art der Entlohnung weiblicher Arbeitnehmer in Gast- oder Schankwirtschaften sind von der obersten Landesbehörde oder der von ihr bestimmten Behörde Bestimmungen zu erlassen, soweit dies nicht schon geschehen ist.[5]

1. Leitung oder Beaufsichtigung. Es handelt sich hier um Personen, die dem Dienstpersonal übergeordnet sind und in einem Herrschaftsverhältnis zu ihm stehen. — Stellvertreter fallen nicht unter § 17 Abs. 1; für sie kommt gemäß § 12 Abs. 2 Ziff. 1 die Zurücknahme der Stellvertretungserlaubnis in Betracht. Gemäß § 45 GewO. müssen sie die für das Gewerbe erforderlichen persönlichen Eigenschaften besitzen; vgl. GastG § 35.

2. Zuständige Behörde ist die Bezirksverw.-Beh. des Betriebssitzes, § 19 der V. vom 12. 9. 31, GVBl. 251. Verfahren bei der Untersagung §§ 20 ff., Berufung an den Verwaltungsgerichtshof ist unzulässig. § 23 Buchst. d a. a. O.

3. Die Untersagung kann gegenüber dem Betriebsinhaber oder gegenüber dem Angestellten ausgesprochen werden.

Zurücknahme der Erlaubnis kann nach § 12 Abs. 2 Ziff. 6 erfolgen.

Strafbestimmungen § 29 Ziff. 2 und 4.

4. Zuständige Behörde ist die Bezirksverw.-Beh.; sie entscheidet endgültig, §§ 19 Abs. 1, 24 Ziff. 1 der V. vom 12. 9. 31, GVBl 251, Anhang S. 73.

5. Für Bayern sind einschlägig die Bestimmungen der V. vom 12. 9. 31, GVBl 251, §§ 6—17, abgedruckt im Anhang S. 73.

Ferner ist auf die einschlägigen Bestimmungen der RAV vom 23. 1. 02, RGBl 33 und des Kinderschutzgesetzes vom 20. 3. 03, RGBl 113, beide abgedruckt im Anhang B Ziff. 2 und B Ziff. 3b, sowie auf die AZV. vom 14. 4. 27, RGBl 116, abgedruckt in meiner GewO S. 419, hinzuweisen.

Strafbestimmung zu Abs. 2 § 29 Ziff. 5.

IV. Verfahren

§ 18

Die oberste Landesbehörde bestimmt die zuständigen Behörden und regelt das Verfahren.[1] Dabei muß das Verfahren bei der Erteilung (§§ 1 und 6) oder Zurücknahme der Erlaubnis (§ 12), bei der Erteilung von Auflagen (§ 11) und bei der Untersagung (§ 13) folgende Grundsätze einhalten:

1. Der Bescheid muß schriftlich erteilt werden; er muß mit Gründen und einer Belehrung über die zulässigen Rechtsmittel versehen sein, es sei denn, daß die Erlaubnis zur Weiterführung eines bestehenden Betriebs erteilt wird. In dem Bescheide, durch den die Erlaubnis zum Betrieb eines der im § 1 Abs. 1 bezeichneten Gewerbe erteilt wird, müssen die Betriebsart, die zugelassenen Räume sowie die dem Betriebsinhaber etwa gemachten Auflagen und bei Gast- oder Schankwirtschaften die Arten der zugelassenen Getränke bezeichnet sein.
2. Das Verfahren muß, soweit in Ziffer 1 nichts anderes bestimmt ist, den Vorschriften der §§ 20, 21, 21a der Gewerbeordnung genügen; soweit ein Ver-

waltungsstreitverfahren stattfindet, unterliegt auch der Nachweis des Bedürfnisses (§ 1 Abs. 2) der gerichtlichen Nachprüfung. Ist die Entscheidung erster Instanz von einem Kollegium getroffen, so muß die Anfechtungsbefugnis auch einem Vertreter des öffentlichen Interesses zustehen.[2],[3]

1. Die Bestimmungen über die **Behörden** und das **Verfahren** sind dem Landesrecht überlassen, welches aber die im § 18 GastG, §§ 20, 21, 21a GewO aufgestellten Grundsätze zu beachten hat.

2. In Bayern gelten für die Zuständigkeit und das Verfahren die §§ 19—25 der V. vom 12. 9. 31, GVBl 251 und die §§ 23—27 der MV vom 15. 9. 31, GVBl 257, beide abgedruckt im Anhang S. 73 und S. 82.

a) Zuständig sind in erster Instanz die Bezirksverw.-Beh. (Bezirksamt, Stadtrat), in zweiter Instanz die Kreisregierung, K. d. J., welche stets kollegiale Behörde i. S. des § 21 Ziff. 3 GewO ist — vgl. § 22 der angef. V. vom 12. 9. 31 — und im verwaltungsrechtlichen Senat entscheidet (VGG Art. 31), in dritter Instanz, soweit es sich um bestrittene Rechtsansprüche und Verbindlichkeiten handelt und nicht die Vorschrift des § 23 Platz greift, der Verwaltungsgerichtshof, Art. 8 Ziff. 8, 9 Abs. 3, 13 Abs. 1 Ziff. 3 VGG.

Für die Erteilung der widerruflichen Erlaubnis zum kurzzeitigen Wirtschaftsbetrieb (GastG § 8) und für die Verhinderung und vorläufige Schließung eines unbefugten Betriebes (GastG § 22 Abs. 1 und Abs. 2 Satz 1) ist die Ortspolizeibehörde des Betriebssitzes zuständig, § 19 Abs. 2 der V. vom 12. 9. 31.

Ein „einfaches Verwaltungsverfahren" ist in gewissen Fällen durch § 24 der angef. V .zugelassen.

Soweit Ermessensfragen zu entscheiden sind, ist gegen Entscheidungen der Kreisregierungen Oberaufsichtsbeschwerde zum Staatsministerium des Äußern zulässig, VGG Art. 15; R 27, 356. Zu bemerken ist hierbei, daß nach § 18 Ziff. 2 GastG die Bedürfnisfrage der gerichtlichen Nachprüfung unterliegt.

b) Der zu erlassende Bescheid muß schriftlich erteilt werden; er muß ferner, wenn es sich um die Erlaubnis zu einem neuen Betrieb oder um die Änderung eines bestehenden Betriebes handelt, mit Gründen und Rechtsmittelbelehrung versehen sein. In der Beschwerdebelehrung ist ausdrücklich auf die Notwendigkeit der Rechtfertigung der Beschwerde hinzuweisen, § 7 der VV. zum VGG; vgl. VGE 41, 72. — Der notwendige Inhalt des Bescheides ist in § 18 Ziff. 1 GastG bezeichnet; vgl. § 21 V. vom 12. 9. 31, GVBl 251, Anhang S. 73.

c) Die Fälle, in welchen das Rekursverfahren nach dem GastG Platz greift, sind folgende: Versagung und Zurücknahme der Erlaubnis und der Stellvertretungserlaubnis (§§ 1—6, 12), Festsetzung von Auflagen (§ 11), Untersagung des Bier- oder Branntweinkleinhandels (§ 13), ferner Schließung eines Betriebes nach § 28.

d) Ein abweisender Bescheid steht der Anbringung eines neuen Gesuches nicht im Wege; kein Einwand der rechtskräftig entschiedenen Sache; R 1, 33; VGH 12, 72 (R 11, 132); vgl. Bl 75, 148; a. M. R 27, 184; 33, 29.

Jedoch darf, wenn ein Gesuch mangels Bedürfnisses abgewiesen worden ist, gemäß § 20 GastG eine Erlaubnis vor Ablauf von 3 Jahren nur dann erteilt werden, wenn sich die Verhältnisse inzwischen wesentlich geändert haben.

e) Rekursberechtigt sind der Antragsteller, der Erlaubnisinhaber in den Fällen der §§ 6, 11 und 12, im Falle des § 18 Ziff. 2 der Vertreter des öffentlichen Interesses — dies ist in unmittelbaren Städten der Bürgermeister, § 23 der V. v. 12. 9. 31 —; ferner gemäß § 19 Abs. 2 das Jugendamt und die wirtschaftliche Vereinigung der Arbeitgeber und Arbeitnehmer im Gast- und Schankwirtschaftsgewerbe. Diesen Vereinigungen und dem Jugendamt steht das Rekursrecht dann zu, wenn die Erlaubnis zur Neuerrichtung eines Betriebes oder zur Ausdehnung eines bestehenden Betriebes auf den Branntweinausschank erteilt worden ist, und ihre Beschwerde damit begründet ist, daß ein Bedürfnis nicht vorhanden ist, § 19 Abs. 2. Personen, welche sonst gegen Erteilung einer Wirtschaftskonzession Einwendungen erhoben haben, sind keine Parteien, VGH 11, 414; R 11, 13; 19, 2;

27, 191; ebensowenig der Eigentümer des Hauses, in welchem die Wirtschaft betrieben wird, R 43, 12.

f) Der Rekurs ist einzulegen bei der 1. Instanz, VGG Art. 22 Abs. 2.

Zur Rechtfertigung des Rekurses gehört, daß Grund und Zweck der Beschwerde angegeben wird, R 43, 1; 44, 8; Erg 5, 137.

Die Beschwerdefrist beträgt 14 Tage, vom Tage der Eröffnung des Bescheides an gerechnet; vgl. R 48, 145.

g) Über das Verfahren im Einzelnen vgl. noch die Vollz.-V. zum VGG in der Fassung vom 7. 3. 24, GVBl 67; über die Bedeutung der Beschwerdebelehrung insbesondere VGH 41, 72.

Verstöße gegen wesentliche Verfahrensvorschriften haben die Nichtigkeit des Verfahrens und des darauf gestützten Bescheids zur Folge, R 32, 414; vgl. 27, 355. Der Bescheid leidet an einem wesentlichen Mangel, wenn in ihm Ziff. 1 Satz 2 des § 18 nicht beachtet, also z. B. die Räume oder die Betriebsart nicht bestimmt bezeichnet wurden.

3. Wegen der Kosten des Verfahrens s. Art. 142f. des Kostengesetzes. Schuldner der Gebühren und Auslagen ist gemäß Art. 166 Abs. 1 Ziff. 2 a. a. O. der Empfänger der Erlaubnis.

Die Höhe des Stempels (der Gebühr) richtet sich nach dem erzielbaren Jahrespachtertrag, wobei unterschieden wird, ob die Erlaubnis zur Neuerrichtung oder Ausdehnung eines Betriebes oder aber zur Fortführung eines bereits bestehenden Betriebes erteilt wird, Stempelgesetz vom 16. 2. 21, GVBl. 182 Tarif Nr. 19 Abs. V. Für die Erlaubnis zum Kleinhandel mit Branntwein und Spiritus ist eine Gebühr von 20 bis 200 RM. zu entrichten; Abs. VI a. a. O.

Zu diesen Gebühren ist gemäß Art. 1 des Ges. vom 24. 6. 30, GVBl 203, ein Zuschlag von 20 vom Hundert zu erheben; vgl. die MB. vom gl. Tage, GVBl 203; ferner auch Ziff. 8 der MB vom 4. 1. 24, GVBl 7; § 11 Abs. 4 der MB vom 15. 9. 31, GVBl 257.

Zur Zahlung des Stempels ist gemäß Art. 12 Abs. 1 Ziff. 6 des Stempelges. derjenige verpflichtet, zu dessen Gunsten die Verfügung ergangen ist; s. auch Art. 13, 14 a. a. O.

§ 19

(1) Vor der Erteilung der Erlaubnis (§ 1) sind die örtliche Polizeibehörde und die Gemeindebehörde, vor ihrer Zurücknahme ist die örtliche Polizeibehörde zu hören.[1] Die oberste Landesbehörde kann bestimmen, daß auch der Gewerbeaufsichtsbeamte,[2] das Wohlfahrtsamt, gemeinnützige Vereine sowie die örtliche oder bezirksweise Berufsvertretung der Arbeitgeber und Arbeitnehmer der beteiligten Gewerbe gehört werden.

(2) Vor Erteilung der Erlaubnis für neu zu errichtende Betriebe mit Ausschank geistiger Getränke oder für die Ausdehnung bestehender Betriebe auf den Ausschank von Branntwein[3] sind, vorbehaltlich der Vorschrift in Abs. 1, das Jugendamt und die für die Gemeinde oder den Bezirk bestehende wirtschaftliche Vereinigung der Arbeitgeber und Arbeitnehmer im Gast- und Schankwirtschaftsgewerbe zu hören. Wird die Erlaubnis erteilt, so ist der Bescheid diesen Stellen mitzuteilen; sie können gegen den Bescheid die zulässigen Rechtsmittel mit der Begründung einlegen, daß ein Bedürfnis (§ 1 Abs. 2) nicht vorhanden ist.[4] Sind in einer Gemeinde oder einem Bezirke mehrere wirtschaftliche Vereinigungen der Arbeitgeber oder Arbeitnehmer im Gast- und Schankwirtschaftsgewerbe vorhanden, so bestimmt die oberste Landesbehörde oder die von ihr bestimmte Behörde[5] die im Sinne dieser Vorschrift zuständige Vereinigung.

1. Ortspolizeibehörde ist der Bürgermeister, in Städten mit staatlicher Polizeiverwaltung die Polizeidirektion oder das Staatspolizeiamt. Die Einvernahme hat sich in der Regel auf die Frage des Bedürfnisses, die Zuverlässigkeit des Antrag-

stellers und die Eignung der Räume zu erstrecken, § 25 Abs. 1 der MB vom 15. 9. 31, GBBl 257, abgedruckt im Anhang S. 82. Gemeindebehörde ist der Gemeinderat (Stadt-, Marktgemeinderat). Die Unterlassung der Vernehmung ist ein wesentlicher Mangel des Verfahrens; es genügt indessen, wenn diesen Behörden Gelegenheit zur Äußerung gegeben wird; ihr Gutachten ist für die Behörde nicht bindend, R 44, 167; 45, 321. Die Vernehmung kann noch in der zweiten Instanz nachgeholt werden, R 9, 417.

2. Gewerbeaufsichtsbeamte: § 139b GewO, B. vom 7. 2. 07 i. d. F. vom 12. 1. 25 (GBBl 69).

3. Branntwein. Auch wenn der Betrieb auf andere geistige Getränke ausgedehnt werden soll, ist § 19 Abs. 2 GastG anzuwenden, § 25 der B. vom 12. 9. 31, GBBl 251.

4. Das Jugendamt und die im Abs. 2 genannten wirtschaftlichen Vereinigungen sind in diesen Fällen Parteien, vgl. § 18 Anm. 2 Buchst. e.

Über die Anhörung von Behörden und Vereinigungen enthält ausführliche Bestimmungen der § 25 der MB vom 15. 9. 31, GBBl 257, abgedruckt im Anhang S. 82.

5. Zuständig sind die Bezirksverw.-Beh.; sie entscheiden endgültig, § 19 Abs. 1, § 24 Ziff. 1 der B. vom 12. 9. 31, GBBl 251, Anhang S. 73.

§ 20

Ist die Erlaubnis mangels eines Bedürfnisses versagt worden, so darf innerhalb dreier Jahre nach Rechtskraft der Entscheidung die Erlaubnis für denselben oder einen gleichartigen Betrieb auf demselben Grundstück nur erteilt werden, wenn sich die Verhältnisse inzwischen wesentlich geändert haben.[1]

1. Vgl. § 18 Anm. 2 Buchst. d. Fristberechnung BGB §§ 188 Abs. 2, 187 Abs. 1.

Die mit der Rechtskraft des ersten Bescheids in Lauf gesetzte dreijährige Frist wird durch den zweiten Bescheid nicht unterbrochen (Begr.).

§ 21

(1) Die zur Erteilung der Erlaubnis zuständige Behörde hat über die von ihr gemäß § 1 Abs. 1 erteilten Erlaubnisse ein Verzeichnis zu führen.

(2) Die oberste Landesbehörde oder die von ihr bestimmte Stelle kann, wenn nach ihrem Ermessen die Zahl der nach § 1 Abs. 1 erlaubnispflichtigen Betriebe in einem Bezirke das Bedürfnis übersteigt, für längstens 3 Jahre anordnen, daß in dem Bezirk Erlaubnisse für neu zu errichtende Betriebe nicht oder nur mit ihrer Genehmigung erteilt werden dürfen. Das gleiche gilt für Erlaubnisse zur Ausdehnung bestehender Betriebe auf nicht zugelassene Arten von Getränken oder auf nicht zugelassene Räume. Die Anordnung kann nach Ablauf eines der Dauer der Sperre entsprechenden Zeitraums, frühestens aber nach Ablauf eines Jahres, wiederholt werden.

(3) Gegen eine Anordnung nach Abs. 2 oder die Versagung der in ihr vorgeschriebenen Genehmigung findet kein Rechtsmittel statt, soweit die Maßnahme von der obersten Landesbehörde getroffen ist. Ist die Maßnahme dagegen von einer von der obersten Landesbehörde bestimmten Stelle getroffen, so ist die Beschwerde an die vorgesetzte Dienststelle zugelassen.

1. Abs. 1: Verzeichnis; Vorschriften hierüber enthält § 26 der MB vom 15. 9. 31, GVBl 257, abgedruckt im Anhang S. 82. § 26 Abs. 4 enthält Bestimmungen über die Statistik.

§ 22

(1) Die zuständige Behörde[1] kann[2] die Fortsetzung des Betriebs einer Gast- oder Schankwirtschaft und des

Kleinhandels mit Branntwein durch unmittelbaren oder mittelbaren Zwang verhindern,[3] wenn der Betrieb ohne Erlaubnis begonnen[4] oder die Erlaubnis erloschen,[5] widerrufen[6] oder zurückgenommen[7] ist. Dasselbe gilt, wenn der Kleinhandel mit Bier oder Wein oder der Ausschank von Milch untersagt worden ist.[8], [9]

(2) In den Fällen des § 12 kann die zuständige Behörde[1] den Betrieb vorläufig schließen.[10] Sie hat in diesem Falle unverzüglich bei der für die Erlaubniserteilung zuständigen Behörde die Zurücknahme der Erlaubnis zu beantragen. Wird der Antrag nicht innerhalb einer Woche[11] gestellt, so tritt die Schließung außer Kraft. Die zuständige Behörde hat über die vorläufige Schließung vorab zu entscheiden.[12] Gegen diese Entscheidung findet kein Rechtsmittel statt.

1. Zuständige Behörde ist die Ortspolizeibehörde des Betriebssitzes, § 19 Abs. 2 der V. vom 12. 9. 31, GVBl 251. Die Ortspol.-Beh. soll von ihrer Befugnis in der Regel Gebrauch machen, § 27 der MB vom 15. 9. 31, GVBl 257.

2. kann. Die Behörde hat zu prüfen, ob sie von ihrer Befugnis im öffentlichen Interesse Gebrauch zu machen hat.

3. Unmittelbarer Zwang ist die Anwendung von Gewalt, z. B. durch Schließung der Wirtschaftsräume, Wegnahme der Betriebsgeräte (Gläser usw.), des Firmenschildes, R 28, 7; 29, 318; 31, 442.

Der mittelbare Zwang kann durch Ordnungsstrafen geübt werden. Ob solche zulässig sind, bestimmt das Landesrecht; das bayrische Recht läßt sie nicht zu, vgl. PolStGB Art. 20.

Gegen die polizeilichen Maßnahmen findet nur einfache Beschwerde statt; vgl. R 44, 289.

4. Erlaubnis, s. § 1 Abs. 1; § 3. Der Mangel der Stellvertretungserlaubnis — § 6 — rechtfertigt die zwangsweise Verhinderung des Betriebes nicht. Voraussetzung des polizeilichen Einschreitens ist der Beginn des Betriebes; „die Fortsetzung" kann verhindert werden.

Ob und in welchem Umfange bei dem Inkrafttreten des GastG, d. i. am 1. 7. 30, eine Erlaubnis für einen zu dieser Zeit vorhandenen Betrieb bestand, ist nach dem bisherigen Recht (Gewerbeordnung und Notgesetz) zu beurteilen; vgl. § 33 Anm. 4.

5. Erlöschen der Erlaubnis, vgl. § 12 Anm. 1.

6. Widerruf. Von einem Widerruf der Erlaubnis spricht nur § 8 GastG. Es wird aber hierher auch der Widerruf der vorläufigen Zulassung zur Gewerbeausübung — vor Erlaubniserteilung — nach § 5 Abs. 2 und § 7 gehören, da die Gewerbeausübung nach erfolgtem Widerruf zur unerlaubten wird.

7. Zurücknahme, vgl. § 12. Die Schließung nach § 28 ist der Zurücknahme der Erlaubnis gleichzustellen, weshalb auch die Bestimmungen der §§ 18, 19 auf sie anzuwenden sind; vgl. § 18 Anm. 2c.

8. Untersagung § 13. Auch die Untersagung einer Speisewirtschaft gemäß § 25 gehört hierher.

9. Werden Auflagen i. S. des § 11 nicht erfüllt, so kann die Erlaubnis gemäß § 12 Abs. 2 Ziff. 5 zurückgenommen werden; auch ist Strafe nach § 29 Ziff. 1 verwirkt.

10. Die vorläufige Schließung ist eine provisorische Maßnahme vor der Zurücknahme der Erlaubnis. Wenn eine Behörde von dieser Befugnis in leichtfertiger Weise Gebrauch macht und dem Betroffenen dadurch Schaden zufügt, ist nach BGB § 839 eine Ersatzpflicht des Staates oder der Gemeinde begründet. Dagegen kann von einer Entschädigungspflicht nicht die Rede sein, wenn die Polizeibehörde im Rahmen ihres pflichtgemäßen Ermessens die vorläufige Schließung anordnet in der Annahme, daß die sachlichen Voraussetzungen für die Zurücknahme der Erlaubnis gegeben seien. Zuständig zur vorläufigen Schließung ist die Ortspolizeibehörde des Betriebssitzes, § 1 Abs. 2 der V. vom 1. 7. 30,

11. Fristberechnung BGB § 188 Abs. 2, § 187 Abs. 1.

12. „vorab zu entscheiden". Nach der Begründung ist die vorläufige Schließung zu bestätigen, wenn Verdacht besteht, daß einer der im § 12 aufgeführten Gründe für die Zurücknahme der Erlaubnis vorliegt; eine förmliche Beweiserhebung ist in der Regel unnötig. Die Vorabentscheidung greift der Entscheidung im Entziehungsverfahren nicht vor. Daher kann die Zurücknahme der Erlaubnis auch ausgesprochen werden, wenn

die vorläufige Schließung durch die Vorabentscheidung aufgehoben worden ist.

Zur Vorabentscheidung ist zuständig die Bezirksverwaltungsbehörde (Bezirksamt, Stadtrat) des Betriebssitzes; sie entscheidet endgültig, §§ 19 Abs. 1, 24 Ziff. 1 der V. vom 12. 9. 31, GVBl 251.

V. Anwendungsbereich

§ 23

(1) Die Vorschriften dieses Gesetzes finden auf Vereine und Gesellschaften Anwendung, auch ohne daß ein Gewerbebetrieb vorliegt,[1] wenn sie Getränke[2] ausschenken oder Branntwein im kleinen absetzen; dies gilt nicht für den Ausschank von Getränken und den Absatz von Branntwein im kleinen an Angestellte oder Arbeiter dieser Vereine oder Gesellschaften.[3]

(2) Die Bestimmungen über die Polizeistunde[4] (§14) finden auf Zusammenkünfte von Vereinen und geschlossenen Gesellschaften nur Anwendung, wenn sie in einer Gast- oder Schankwirtschaft oder in Räumen, die mit einer solchen verbunden sind und in denen Schankwirtschaft betrieben wird, stattfinden.[5] Die oberste Landesbehörde kann diese Bestimmungen auch auf Zusammenkünfte in Räumen ausdehnen, die im Eigentume dieser Vereine oder Gesellschaften stehen oder ihnen mietweise, leihweise oder aus einem anderen Grunde überlassen worden sind, soweit in diesen Räumen Getränke ausgeschenkt werden.[6]

1. Träger der Erlaubnis können juristische Personen oder nichtrechtsfähige Vereine sein; § 1 Abs. 1. Zu den Vereinen gehören insbesondere die Konsumvereine, ferner gesellige Vereine, Gesellen-, Studenten-, Kriegervereine usw. Sie bedürfen der Erlaubnis, auch wenn der Ausschank nicht gewerbsmäßig

ist; auf den Umfang der Getränkeabgabe kommt es nicht an, ObLGSt 27, 1.

Bei Prüfung der Gesuche ist die Zuverlässigkeit der vertretungsberechtigten Personen festzustellen, § 1 Anm. 5; im übrigen sind die Gesuche nach sämtlichen im GastG aufgestellten Richtlinien, insbes. auch hinsichtlich der Bedürfnisfrage zu würdigen. Die Erlaubnis kann auf den Ausschank an die Mitglieder beschränkt werden; vgl. § 4 Abs. 1 der V. vom 21. 6. 30, RGBl 191.

2. Zu den Getränken gehören auch die nichtgeistigen.

3. Nichtgewerbsmäßige Kantinenbetriebe für Arbeiter und Angestellte der Vereine und Gesellschaften sind erlaubnisfrei; BGH 33, 150 (R 32, 210).

4. Polizeistunde, vgl. § 14, die V. vom 26. 6. 30, GVBl 197 und die MB. vom gleichen Tage, GVBl 198, beide abgedruckt im Anhang S. 116, 118.

5. Mit der Vorschrift des § 23 Abs. 2 Satz 1 deckt sich § 3 Abs. 1 der V. vom 26. 6. 30, GVBl 197. Nach § 3 Abs. 2 dieser V. kann die Ortspolizeibehörde, wenn solche Zusammenkünfte zwar in einer Gast- oder Schankwirtschaft, aber in einem ausschließlich für den Verein oder die geschlossene Gesellschaft bestimmten Gesellschaftsraum stattfinden, die Polizeistunde bis spätestens 2 Uhr morgens widerruflich verlängern, wenn diese Maßnahme nach den örtlichen Verhältnissen mit der Aufrechthaltung der öffentlichen Ruhe und Ordnung vereinbar ist.

Über die mit Gast- oder Schankwirtschaften „verbundenen" Räume vgl. ObLGSt 24, 23.

6. Von der Befugnis des Abs. 2 Satz 2 wurde in Bayern kein Gebrauch gemacht. In den Vereins- und Gesellschaftshäusern gelten die Bestimmungen über die Polizeistunde nur insoweit, als darin eine öffentliche Schankwirtschaft betrieben wird, aut. ME vom 17. 7. 30 Nr. 2543a 18.

§ 24

(1) Die Vorschriften dieses Gesetzes finden auch auf Realgewerbeberechtigungen Anwendung[1], mit Ausnahme der Vorschriften über den Bedürfnisnachweis

(§ 1 Abs. 2), über die Lage der Räume (§ 2 Ziffer 3) und über das öffentliche Interesse hinsichtlich der Verwendung der Räume (§ 2 Abs. 1 Ziffer 4)[2]; auch diese Vorschriften finden jedoch Anwendung, falls die Gast- oder Schankwirtschaft binnen der der Stellung des Antrags vorhergehenden letzten 3 Jahre nicht betrieben worden ist.[3] Die Frist kann von der Erlaubnisbehörde auf Antrag verlängert werden, wenn ein wichtiger Grund vorliegt.[4]

($_2$) Die oberste Landesbehörde kann bestimmen, daß auch die im Abs. 1 ausgenommenen Vorschriften Anwendung finden, wenn die Erlaubnis auf Grund einer Realgewerbeberechtigung für ein Grundstück nachgesucht wird, auf welchem die Erlaubnis auf Grund dieser Realgewerbeberechtigung bisher nicht ausgeübt wurde.[5]

($_3$) Eine nach Abs. 1 oder Abs. 2 erfolgende Beschränkung der Realgewerbeberechtigung begründet keinen Anspruch auf Entschädigung.

1. Die GewO bestimmt über die **Realgewerbeberechtigungen** folgendes:

a) nach § 10 Abs. 2 können solche Berechtigungen fortan nicht mehr begründet werden;

b) nach § 48 kann der Erwerber eines Realrechtes dieses nur ausüben, wenn er die erforderliche Befähigung besitzt.

Wesen und Inhalt der Realrechte bestimmt das Landesrecht; vgl. EGBGB Art. 74. Das bayerische Recht unterscheidet radizierte und einfache Realrechte. Die ersteren sind mit einem bestimmten Grundstück verbunden, während die letzteren nicht an einem Grundstück haften, vererblich und veräußerlich sind.

Die Übertragung eines radizierten Realrechtes auf ein anderes Grundstück („Transferierung") ist nicht als verbotene Neubegründung i. S. des § 10 GewO zu erachten, wenn durch die Trennung keine wesentliche Veränderung des Wesens und des Inhalts des Rechtes eintritt, RGZ 67, 222 (R 28, 350). Sie ist in Bayern mit Genehmigung der Verwaltungsbehörde zulässig, VGH 11, 1 (RErg 1, 17).

Streitigkeiten über den Bestand der Realrechte sind von den Gerichten, Streitigkeiten über ihren Inhalt und Umfang von den Verwaltungsbehörden zu entscheiden; VGH 3, 555; 11, 463; 25, 104; 26, 278; RErg B 4, 215; Bl 40, 257; 41, 289f.; 44, 65. Nach § 28 der MB vom 15. 9. 31, GVBl 257, abgedruckt im Anhang S. 82, ist die Einleitung eines besonderen Feststellungsverfahrens, unabhängig von einem Erlaubnisantrag nicht geboten; vielmehr hat die Verwaltungsbehörde die strittigen Fragen in Verbindung mit der Bescheidung des Antrags als Zwischenpunkte zu behandeln.

Über Realrechte vgl. noch Bl 72, 69.

2. Auch der Inhaber eines Realrechtes bedarf zur Ausübung der Gast- oder Schankwirtschaft der Erlaubnis nach § 1 GastG. Im Erlaubnisverfahren bleiben jedoch die im § 24 Abs. 1 erwähnten Vorschriften außer Anwendung; dagegen muß geprüft werden, ob den Anforderungen hinsichtlich der persönlichen Zuverlässigkeit — § 2 Abs. 1 Ziff. 1 und 2 — und der Beschaffenheit der Räume — s. § 2 Abs. 1 Ziff. 3 — genügt ist, ferner ob nicht die Versagung wegen früheren Mißbrauchs der Räume gemäß Ziff. 5 a. a. O. angezeigt ist. Zu beachten ist auch Abs. 2 des § 24 und § 18 der V. vom 12. 9. 31, GVBl 251. (Anhang S. 73).

Bei Transferierung radizierter Gewerberechte ist die Bedürfnisfrage zu prüfen, VGH 11, 1 (RErg 1, 17).

3. Wenn das Realrecht während dreier Jahre vor der Antragstellung nicht ausgeübt worden ist (geruht hat), bleibt es für das Erlaubnisverfahren außer Betracht. Die Prüfung der Erlaubnisbehörde hat sich in diesem Falle auch auf die Bedürfnisfrage, die Lage der Räume und das öffentliche Interesse hinsichtlich ihrer Verwendung zu erstrecken.

Fristberechnung: vgl. § 188 Abs. 2, § 187 Abs. 1 BGB. Die 3jährige Frist kann frühestens mit dem Inkrafttreten des Gesetzes beginnen. Über Verlust der Realrechte durch Nichtgebrauch vor dem 1. Juli 1930 s. meine GewO. § 49 Anm. 3.

Die dem Besitzer eines Realrechtes erteilte Erlaubnis erlischt, wenn dieser das Realrecht, z. B. durch Verkauf, verliert; vgl. VGH 8, 62.

4. Die Fristverlängerung ist nur zulässig, wenn die Frist bei Stellung des Verlängerungsgesuches noch nicht abgelaufen war und das Realrecht noch nicht verjährt ist, § 28 Abs. 2 der MB vom 15. 9. 31, GVBl 257, abgedruckt im Anhang S. 82.

5. Von der in Abs. 2 erteilten Befugnis hat Bayern Gebrauch gemacht: § 18 der V vom 12. 9. 31, GVBl 251, abgedruckt S. 73. Die Vorschriften über den Bedürfnisnachweis, über die Lage der Räume und über das öffentliche Interesse hinsichtlich der Verwendung der Räume sind auch dann anzuwenden, wenn die Erlaubnis auf Grund einer Realgewerbeberechtigung für ein Grundstück nachgesucht wird, auf dem bisher ein Wirtschaftsbetrieb auf Grund dieser Berechtigung nicht ausgeübt wurde. § 18 tritt, soweit es sich um den Bedürfnisnachweis handelt, am 1. Juli 1933 in Kraft; § 26 Abs. 1 a. a. O.

§ 25

Die Vorschriften des § 13 Abs. 1 und 2, der §§ 14, 17 und des § 22 Abs. 1 finden auf Speisewirtschaften entsprechende Anwendung.[1]

1. Speisewirtschaften sind Wirtschaften, die sich auf den Verkauf zubereiteter Speisen zum Genuß auf der Stelle beschränken. Ihr Betrieb kann gemäß § 13 Abs. 1 untersagt werden; sie haben die Vorschriften über die Einhaltung der Polizeistunde zu beachten (§ 14); werden bei ihrer Leitung oder Beaufsichtigung unzuverlässige Personen beschäftigt, so kann diese Beschäftigung untersagt werden (§ 17 Abs. 1); ferner gelten für sie die auf § 17 Abs. 2 gestützten Vorschriften über die Beschäftigung weiblicher Arbeitnehmer — §§ 6—17 der V. v. 12. 9. 31 GVBl. 251 — und die Bestimmungen des § 22 Abs. 1 über die Verhinderung der Fortsetzung unerlaubter Betriebe.

Die einschlägigen Strafbestimmungen sind enthalten im § 29 Ziff. 2, 4, 5, 6, 7 und 8, sowie im § 30 Abs. 1 Ziff. 3, Abs. 3.

Die übrigen Bestimmungen des GastG finden auf Speisewirtschaften keine Anwendung, insbesondere sind solche Wirtschaften nicht erlaubnispflichtig.

Die Speisewirtschaften unterliegen nicht den Vorschriften der §§ 41a und 105b Abs. 2 GewO, da ihr Betrieb nicht als Ausübung eines Handelsgewerbes zu erachten ist; sie können daher am Sonntag betrieben werden, soferne der Verkauf von

Speisen sich auf die Gäste beschränkt oder nur gelegentlich über die Straße erfolgt, R 49, 217. Dagegen gelten für Auskochgeschäfte, die Speisen lediglich über die Straße verkaufen, die Vorschriften über das Gewerbe der Köche; vgl. § 24c der MB. vom 14. 3. 95, MBl 107 — abgedr. in meiner GewO S. 586ff; R 19, 396; 23, 9; 31, 168.

§ 26

Durch Landesgesetz kann angeordnet werden, daß die Bestimmungen dieses Gesetzes, welche für die im § 1 Abs. 1 bezeichneten Betriebe gelten, ganz oder teilweise für den Kleinhandel mit Bier Anwendung finden.[1]

1. Der Kleinhandel mit Bier kann hiernach durch Landesgesetz für erlaubnispflichtig erklärt werden.

Sonstige Bestimmungen über denselben enthalten die §§ 13, 16 Ziff. 3, 30 Abs. 1 Ziff. 3 und Abs. 3; ferner § 10 der V vom 21. 6. 30, RGBl 191, abgedr. im Anhang S. 112.

Bayern hat den Kleinhandel mit Bier im allgemeinen den Bestimmungen des GastG unterworfen, insbesondere die gewerbepolizeiliche Erlaubnispflicht angeordnet. Einschlägig ist das Ges. vom 27. 8. 31, GVBl 223, die V. vom 12. 9. 31, GVBl 255 und die MB vom 15. 9. 31, GVBl 270, sämtlich im Anhange abgedruckt.

§ 27

(1) Die Vorschriften dieses Gesetzes finden keine Anwendung:

1. auf die Kantinen, Kameradschaftsheime oder Offiziersheime der Wehrmacht sowie ihre Messen an Bord, deren Betrieb sich auf den Kreis der Wehrmacht beschränkt;[1]
2. auf die Kantinen, Kameradschaftsheime oder Offiziersheime der Polizei, deren Betrieb sich auf den Kreis der Polizei beschränkt;[1]
3. auf Bahnhofswirtschaften, Speisewagen, Kantinen und Fahrpersonalküchen, soweit diese nach § 16 Abs. 5 des Gesetzes über die Deutsche Reichsbahn-Gesell-

schaft vom 30. August 1924 (Reichsgesetzbl. II S. 272) den Bestimmungen der Gewerbeordnung nicht unterliegen;[2]

4. auf den Vertrieb von vergälltem Branntwein.

(2) Die Reichsregierung kann bestimmen, daß die Vorschriften dieses Gesetzes auch auf Bahnhofswirtschaften, Speisewagen, Kantinen und Fahrpersonalküchen der Eisenbahnen des allgemeinen Verkehrs, die nicht von der Deutschen Reichsbahn betrieben werden, ganz oder teilweise keine Anwendung finden.[3] Die im Satz 1 genannten Betriebe, die bei den daselbst erwähnten Eisenbahnen zur Zeit des Inkrafttretens dieses Gesetzes vorhanden sind, können, wenn der Betriebsinhaber binnen Monatsfrist seit dem Inkrafttreten dieses Gesetzes die Erteilung der Erlaubnis beantragt, bis zur rechtskräftigen Entscheidung über diesen Antrag fortgeführt werden.

1. Zum Betrieb gehört auch die gelegentliche Abgabe von Speisen und Getränken an Gäste der Wehrmacht- oder Polizeiangehörigen (Begr.).

2. **Bahnhofswirtschaften.**

Nach § 16 Abs. 5 des Reichsbahngesetzes i. d. F. vom 13. 3. 30, RGBl II 369 sind „die Vorschriften der Gewerbeordnung auf den Betrieb der deutschen Reichsbahn nicht anzuwenden".

Die **Bahnhofswirtschaften** der Reichsbahn unterliegen nicht den Vorschriften des GastG; sie sind Hilfsbetriebe, die den Bedürfnissen des Reiseverkehrs dienen. Hierbei macht es keinen Unterschied, ob die Wirtschaft innerhalb oder außerhalb der Bahnsteigsperre liegt, ebensowenig, ob eigene Angestellte der Bahn die Wirtschaft betreiben oder ein Pächter, R 27, 345; 29, 3; 36, 137; Erg 4, 3; RGSt 58, 137 (R 45, 1); § 29 der MB vom 15. 9. 31, GBBl 257. — Die Bahnhofswirtschaften der Reichsbahn sind erlaubnisfrei; es gelten für sie nicht die Vorschriften des § 1 (Zulassung zum Gewerbebetrieb), § 6

(Stellvertretungserlaubnis), § 14 (Polizeistunde), § 17 (Beschäftigungsverbote).

Mit MB vom 15. 7. 27, StAnz Nr. 173, sind Richtlinien für die Behandlung der Bahnhofswirtschaften und der Bahnhofsautomaten bekanntgegeben worden. Diese sind abgedruckt im Anhang S. 121; sie bestimmen, daß neue Bahnhofswirtschaften und selbständige Erfrischungshallen zwar keiner Erlaubnis bedürfen, daß sie aber von der Reichsbahndirektion nur im Einvernehmen mit der höheren Verw.-Beh. zugelassen werden können. Bahnhofswirtschaften, deren Pächter wechselt, oder die nach vorübergehender Schließung wieder eröffnet werden, gelten nicht als neu.

Über die Polizeistunde vgl. § 14 Anm. 1. Nach ihrem Eintritt ist der Ausschank geistiger Getränke grundsätzlich verboten. Ausnahmen kann die Reichsbahndirektion im Einvernehmen mit der höheren Verw.-Beh. zulassen. Die Verpflichtung des Wirtschaftsführers zur Einhaltung der Polizeistunde beruht auf dem Vertrag mit der Bahnverwaltung; ihre Verletzung fällt unter kein Strafgesetz.

3. Nach Art. I der V. vom 1. 7. 30, RGBl 201 gelten die Bestimmungen des Gaststättengesetzes nicht für folgende bayerische Bahnen: Fürth-Cadolzburg, München-Bichl (Isartalbahn), Murnau-Oberammergau, Türkheim (Bayer. Bf.)-Wörishofen der Lokalbahn-A.G. in München, ferner die Regentalbahn (Gotteszell-Viechtach-Blaibach).

§ 28

Soweit bisher in Bayern der Ausschank selbsterzeugter Getränke ohne Erlaubnis statthaft war, bedarf es einer solchen auch in der Folge nicht.[1] Für die Schließung eines solchen Betriebs gelten die Vorschriften des § 12 Abs. 2 Ziffer 1, 3 bis 6 entsprechend.[2]

1. Der erlaubnisfreie Ausschank selbsterzeugter Getränke ist im **rechtsrheinischen Bayern** gemäß Art. 9 Buchst. b Ziff. 1 des GewGes vom 30. 1. 68 gestattet, welcher lautet:

„Der Ausschank des eigenen Erzeugnisses bleibt den Bräuern in einem hiefür bezeichneten Lokale und auf ihren

Lagerkellern, desgleichen nach Maßgabe des örtlichen Herkommens und der ortspolizeilichen Vorschriften den schankberechtigten Kommunbräuern und Weinbauern gestattet.

Sämtliche genannte Gewerbetreibende unterliegen hierbei den durch Gesetze und Verordnungen festgestellten Verpflichtungen der Inhaber von Wirtschaftsgewerben."

Diese Bestimmung ist bei Einführung der GewO in Bayern durch das RG vom 12. 6. 72, RGBl 170, aufrecht erhalten und durch das RG vom 23. 7. 79, RGBl 207, nicht aufgehoben worden. An die Stelle des RG vom 12. 6. 72 ist nun § 28 GastG getreten; vgl. § 33 Anm. 1.

Das „hiefür bezeichnete Lokal" kann entweder das Bräuhaus oder ein anderer in der Gemeinde des Brauereibetriebssitzes gelegener Raum sein; vgl. R 26, 180; 27, 363; 32, 213; 34, 20; 36, 150; RErg 3, 387.

„Lagerkeller" ist ein Keller, der die Eigenschaft und den Zweck hat, zur Einlagerung von in der Nachgärung befindlichem Bier behufs Erlangung der erforderlichen Reife zu dienen und der zu diesem Zwecke auch tatsächlich benützt wird, nicht aber ein Keller, in dem schankfertiges Bier vorübergehend aufbewahrt wird, R 23, 204; 26, 20; 27, 364; 29, 513; 30, 191; 32, 17; 40, 166; RErg 4, 382; 5, 147.

Über Kommunbrauereien vgl. R 14, 119; 23, 370; 27, 365; 28, 487; 29, 342; ferner Bl 37, 49; 57, 65 und 392. MB vom 14. 11. 12, MBl 1270; § 30 der MB vom 15. 9. 31, GVBl 251 (Anhang S. 82).

„Eigenes Erzeugnis" ist das Bier, das der Brauer selbst gesotten und in seinem Keller gelagert hat, R 12, 381; die Herstellung muß auf seine Rechnung und Gefahr erfolgt sein, R 27, 365; 28, 488. Selbsterzeugt ist der Wein oder Obstwein, den der Wein-, Obstbauer selbst aus den eigenen Trauben, dem eigenen Obst hergestellt hat; vgl. § 10 Anm. 1.

Den Kommunbrauern und den Weinbauern ist der Ausschank nur gestattet, wo und soweit er bisher üblich war, ObLGSt 9, 217 (R 30, 193); 28, 60.

In der Pfalz gilt der Art. 9 Buchst. b Ziff. 1 nicht; hier ist der Ausschank der selbsterzeugten Getränke erlaubnisfrei, soweit dies vor Einführung der GewO der Fall war. Der pfälzische Weinbauer ist berechtigt, den Wein in der Gemeinde auszuschenken, in welcher er ihn gewonnen hat, ferner den aus seinen Weinbergen in der Pfalz gewonnenen Wein an seinem Wohnort in der Pfalz (sog. Straußwirtschaft; vgl. § 10 Anm. 1) R 30, 193; 31, 452; 32, 14.

Der Bierbrauer ist in der Pfalz berechtigt, sein selbstgebrautes Bier auf der Braustätte, nicht aber in einem andern Lokal ohne Erlaubnis auszuschenken, R 34, 23.

2. Zuständig zur Schließung ist gemäß § 19 Abs. 1 der V. vom 12. 9. 31, GVBl. 251, die Bezirksverw.-Beh. (Bezirksamt, Stadtrat) des Betriebssitzes.

Für das Verfahren gelten die Vorschriften des § 18; vgl. § 18 Anm. 2 Buchst. c. Die Fortsetzung des geschlossenen Betriebes ist nach § 22 zu verhindern. Strafbestimmung § 30 Abs. 1 Ziff. 1 und Abs. 3. Auflagen können auch den erlaubnisfreien Schankbetrieben nach Maßgabe des § 11 gemacht werden; vgl. § 11 Anm. 1.

VI. Strafvorschriften

§ 29

Mit Haft und mit Geldstrafe bis zu einhundertfünfzig Reichsmark oder mit einer dieser Strafen wird bestraft,[1] wer

1. als Betriebsinhaber oder dessen Stellvertreter die nach § 11 gemachten Auflagen nicht vollzieht,[2]
2. als Betriebsinhaber oder dessen Stellvertreter bei der Leitung oder Beaufsichtigung eines der im § 1 Abs. 1 bezeichneten Betriebe Personen beschäftigt, deren Beschäftigung nach § 17 Abs. 1 untersagt ist,[3]
3. in einem der im § 1 Abs. 1 bezeichneten Betriebe als Stellvertreter tätig ist, obwohl die Erlaubnis hierzu nicht erteilt oder zurückgenommen ist,[4]
4. seine Tätigkeit bei der Leitung oder Beaufsichtigung eines der im § 1 Abs. 1 bezeichneten Betriebe

wissentlich fortsetzt, nachdem seine Beschäftigung untersagt worden ist (§ 17 Abs. 1),[5]

5. den auf Grund des § 17 Abs. 2 oder den vor dem Inkrafttreten dieses Gesetzes auf Grund des Gesetzes über weibliche Angestellte in Gast- und Schankwirtschaften vom 15. Januar 1920 (Reichsgesetzbl. S. 69) erlassenen Bestimmungen[6] zuwiderhandelt,
6. als Gast in einer Schankwirtschaft, den Schankräumen einer Gastwirtschaft, in einer Speisewirtschaft oder an einem öffentlichen Vergnügungsort über die Polizeistunde hinaus verweilt, obwohl der Inhaber oder dessen Vertreter oder ein Polizeibeamter ihn aufgefordert hat, wegzugehen,[7]
7. als Inhaber einer Gast- oder Schank- oder Speisewirtschaft oder eines öffentlichen Vergnügungsorts oder als Vertreter des Inhabers duldet, daß ein Gast über die Polizeistunde hinaus in den Schankräumen oder an dem Vergnügungsorte verweilt,[8]
8. den auf Grund des § 15 oder des § 23 Abs. 2 Satz 2 erlassenen Bestimmungen oder den Vorschriften des § 14 Abs. 2 Satz 2 oder des § 16 zuwiderhandelt,
9. die nach § 4 Abs. 3 erforderliche Anzeige nicht oder nicht rechtzeitig macht,[9]
10. als Gast in einer Gast- oder Schankwirtschaft verweilt, die unbefugt betrieben wird,[10]
11. einer Vorschrift zuwiderhandelt, die für bestimmte Anlässe das Verabreichen geistiger Getränke verbietet.

1. Die Straftaten des § 29 sind Übertretungen. Zur Erfüllung ihres subjektiven Tatbestandes genügt jedes Verschulden, also auch Fahrlässigkeit, soferne nicht das Gesetz ausdrücklich Vorsatz verlangt. Das Bewußtsein der Rechtswidrigkeit wird nicht gefordert. Strafrechtsirrtum ist in der Regel nicht zu beachten. Von diesem Satze besteht eine Ausnahme nur dann, wenn seine Anwendung zu einer unerträglichen Härte führen würde, insbesondere wenn der Irrtum durch eine Behörde veranlaßt wurde, auf deren Auskunft der Täter vertrauen konnte; vgl. ObLGSt 10, 388, 398; 22, 57; 25, 9 u. 77; 26, 181; 27, 143; 28, 63; — meine GewO S. 348.

2. Ziff. 1. Auflagen sind auch zulässig bei den in §§ 10, 28 erwähnten erlaubnisfreien Betrieben; vgl. § 11 Anm. 1. Die Gesetzmäßigkeit der Auflagen unterliegt der Nachprüfung des Gerichts, R 24, 28; 33, 27; 36, 14 u. 305. § 29 Ziff. 1 ist nicht anwendbar, wenn Auflagen, die auf Grund des § 8 Abs. 1 gemacht wurden, nicht erfüllt werden.

3. Ziff. 2; vgl. § 17 Anm. 1; ferner § 12 Abs. 2 Ziff. 6.

4. Ziff. 3; vgl. §§ 6 und 12. Stellvertreter ist, wer im Namen und für Rechnung eines Gewerbeinhabers tätig ist. Daher ist der Pächter kein Stellvertreter, mag er auch als solcher bezeichnet werden; er fällt, wenn er nicht die Erlaubnis besitzt, unter die Vergehensstrafe des § 30 Abs. 1 Ziff. 1; vgl. R 24, 236; 43, 7.

5. Ziff. 4. „Wissentlich", d. i. trotz Kenntnis der Untersagung.

6. Ziff. 5. Einschlägig sind hinsichtlich der Beschäftigung weiblicher Arbeitnehmer in Gast- oder Schankwirtschaften die §§ 6 bis 17 der V. vom 12. 9. 31, GVBl 251, abgedruckt im Anhang S. 73.

7. Ziff. 6. Polizeistunde.

Gäste sind Schankgäste. Auch Hotelgäste können Schankgäste sein und haben als Besucher der Schankräume einer Gastwirtschaft die Polizeistunde einzuhalten; vgl. § 1 Abs. 1 der V. vom 26. 6. 30, GVBl 197. Eine Ausnahme findet nur dann statt, wenn es sich bei ihrer Bewirtung um die Befriedigung eines Bedürfnisses des Reiseverkehrs handelt, wie es beispielshalber durch besonders späte oder frühe Ankunft oder Abfahrt bedingt sein kann, ObLGSt 28, 88; vgl. RErg 5, 144. Das Frühstückszimmer eines Hotels ist kein Schankraum i. S. der Ziff. 6, R 49, 123.

Öffentlicher Vergnügungsort ist ein einem unbestimmten Personenkreis zugänglicher Raum, in dem Einrichtungen oder Veranstaltungen zum Vergnügen der Besucher getroffen sind, z. B. Konzerte, Theatervorstellungen, Tanzbelustigungen, Lichtbildvorführungen und ähnliche Unterhaltungen veranstaltet werden. Das gewerbsmäßige Feilhalten von Speisen und Getränken gehört nicht notwendig zum Wesen eines öffentlichen Vergnügungsorts, Bl 78, 104.

Die Polizeistunde ist geregelt durch die V. vom 26. 6. 30, GVBl 197, abgedruckt im Anhang S. 116.

Die Polizeistunde ist auch einzuhalten in den in §§ 10, 28 genannten Betrieben.

8. Ziff. 7. Vom Wirte und vom Inhaber eines öff. Vergnügungsortes wird verlangt, daß sie ihren Gästen den Beginn der Polizeistunde bekanntgeben und sie ernstlich, in nicht mißzuverstehender Weise zum Weggehen auffordern. Nötigenfalls haben sie dafür zu sorgen, daß die Gäste die Schankräume oder den Vergnügungsort verlassen, § 4 der V. vom 26. 6. 30, GVBl 197. Ihre Maßnahmen haben sich dabei nach den Umständen des einzelnen Falls zu richten, insbesondere nach der Art und Zahl, dem Zustand und dem Verhalten der Gäste und nach allen verfügbaren Mitteln. Sie brauchen nicht gerade mit dem Glockenschlage zu schließen, können vielmehr eine angemessene Frist zum Bezahlen der Zeche, zum Austrinken und zu ähnlichen Verrichtungen gewähren, ObLGSt 25, 128 (R 48, 204); Bl 78, 106. Ob den Gästen nach Eintritt der Polizeistunde noch Getränke verabreicht werden oder ob dieselben vorher verabreichte Getränke genießen, ist gleichgültig, ObLGSt 28, 88.

Der Vertreter des Wirtes braucht kein Stellvertreter nach § 6 zu sein.

9. Ziff. 9. Die Anzeige nach § 4 Abs. 3 muß binnen einer Woche der Behörde zugegangen sein.

10. Ziff. 10. Unbefugt ist ein Wirtschaftsbetrieb, der ohne Erlaubnis oder wenigstens vorläufige Zulassung — § 5 Abs. 2, § 7 — ausgeübt wird; ferner ein unter § 28 fallender Wirtschaftsbetrieb nach seiner Schließung. Die Bestrafung des Gastes hat zur Voraussetzung, daß ihm die Kenntnis des Sachverhaltes nachgewiesen wird.

§ 30[1]

(1) Mit Gefängnis bis zu drei Monaten und mit Geldstrafe oder mit einer dieser Strafen wird bestraft, wer vorsätzlich

1. den Betrieb einer Gast- oder Schankwirtschaft oder den Kleinhandel mit Branntwein unbefugt ausübt,[2]
2. Gast- oder Schankwirtschaft oder Kleinhandel mit Branntwein unbefugt durch einen Stellvertreter betreibt,[3]
3. den Kleinhandel mit Bier oder Wein, den Ausschank von Milch oder den Betrieb einer Speisewirtschaft trotz Untersagung fortsetzt.[4]

(2) Ebenso wird bestraft, wer wegen Übertretung der Vorschriften des § 16 Ziffer 1 oder 2 wiederholt rechtskräftig bestraft worden ist und innerhalb der auf die letzte Verurteilung folgenden nächsten drei Jahre diesen Vorschriften vorsätzlich zuwiderhandelt.[5]

(3) Wer eine der im Abs. 1 bezeichneten Handlungen fahrlässig begeht, wird mit Haft und mit Geldstrafe bis zu einhundertfünfzig Reichsmark oder mit einer dieser Strafen bestraft.

1. Die Straftaten des § 30 Abs. 1 und 2 sind Vergehen. Sie verjähren gemäß § 67 Abs. 2 RStGB in 3 Jahren. Der Höchstbetrag der Geldstrafe ist nach § 27 RStGB 10000 RM. Für das polizeiliche Einschreiten ist § 22 maßgebend. Bezüglich des Rechtsirrtums gilt das § 29 Anm. 1 Gesagte.

2. Ziff. 1. **Unbefugt ausgeübt.**

Voraussetzungen der Strafbarkeit:

a) Gewerbsmäßige, d. i. auf Gewinn gerichtete und mit der Absicht der Fortsetzung ausgeübte Tätigkeit; vgl. § 1 Anm. 2; jedoch bedürfen Vereine und Gesellschaften gemäß des § 23 Abs. 1 GastG auch dann der Erlaubnis, wenn kein Gewinn angestrebt wird.

b) Selbständiger Gewerbebetrieb, d. i. Gewerbebetrieb auf eigene Rechnung und im eigenen Namen. Der unbefugte Betrieb durch einen Stellvertreter ist nach Ziff. 2 strafbar, während für den Stellvertreter selbst § 29 Ziff. 3 in Betracht kommt.

Der Pächter bedarf ebenso wie der Besitzer eines Realrechts der persönlichen Erlaubnis, vgl. § 24 Anm. 2.

Dagegen ist die Fortsetzung eines genehmigten Gewerbebetriebs durch die Witwe und die minderjährigen Erben erlaubnisfrei; vgl. § 6 Anm. 7.

c) Stehender Gewerbebetrieb. Für die Ausübung des Schankgewerbes ist ein fester Verkaufsstand nicht erforderlich, sondern es genügt jede dem Publikum zugängliche Verkaufsstelle; z. B. können Getränke auf öffentlichen Plätzen, von einem Wagen oder aus einem Korb verabreicht werden. R 15, 258. Bei dieser Art der Gewerbeausübung kann es sich um einen stehenden Gewerbebetrieb oder um einen Gewerbebetrieb i. U. handeln.

Das GastG befaßt sich nicht mit der Regelung des Wirtschaftsgewerbes im Umherziehen; dafür gelten die Bestimmungen der GewO. Ein Gewerbe wird im Umherziehen ausgeübt, wenn der Ausübende das Gewerbe außerhalb des Gemeindebezirks seines Wohnortes ohne Begründung einer gewerblichen Niederlassung und ohne vorgängige Bestellung in eigener Person betreibt (§ 55 Abs. 1, § 42 Abs. 2 GewO.). Nach § 56 Abs. 2 Ziff. 1 GewO dürfen geistige Getränke im Umherziehen nur mit Genehmigung der Ortspolizeibehörde feilgehalten werden; Strafbestimmung § 148 Ziff. 7a GewO.; vgl. § 8 Anm. 2.

Nichtgeistige Getränke gehören nicht zu den Waren, deren Feilbieten im Umherziehen durch § 56 Ziff. 1 GewO ausgeschlossen ist; vgl. R 16, 355.

Auf Jahrmärkten dürfen geistige Getränke nur mit Genehmigung der Ortspolizeibehörde ausgeschenkt werden. Ausschank ohne solche Genehmigung ist, wenn es sich um stehenden Gewerbebetrieb handelt, nach § 30 Abs. 1 Ziff. 1 GastG, wenn G. i. U. vorliegt, nach § 148 Ziff. 7a GewO zu bestrafen, R 3, 138.

Der Verkauf nichtgeistiger Getränke auf Jahrmärkten unterliegt keiner Beschränkung; ebensowenig der Kleinhandel mit Branntwein.

Vgl. zu Buchst. c noch § 15 Abs. V der VBek. z. GastG., Anhang S. 94.

d) Unbefugte Gewerbeausübung.

Strafbar ist, wer den Betrieb ohne Erlaubnis — § 1 Abs. 1, § 8, § 23 Abs. 1 — oder ohne vorläufige behördliche Zulassung — § 5 Abs. 2; § 7 — beginnt, ferner wer die im Erlaubnisbescheid gezogenen Grenzen überschreitet, also wesentliche Änderungen der Räume oder der Betriebsart vornimmt oder andere als die genehmigten Getränke ausschenkt (§ 3). Ein so geänderter Betrieb bedarf einer neuen Erlaubnis, da er durch die erteilte Genehmigung nicht gedeckt ist; R 45, 319. Die letztere erlischt gemäß § 4 Abs. 1 in einem Jahre; vgl. R 18, 21; 34, 443; RErg 4, 47.

Befugt ist der Milchausschank im Rahmen des § 9, der Ausschank von selbsterzeugtem Wein oder Apfelwein nach § 10 und der Ausschank selbsterzeugter Getränke in Bayern nach § 28.

Unbefugt ist der Gewerbebetrieb, wenn er nach Zurücknahme oder sonstigem Verlust der Erlaubnis — vgl. § 12 Anm. 1 —, nach ihrem Widerruf im Falle des § 8 oder nach Widerruf der vorläufigen Zulassung zum Gewerbebetrieb — § 5 Abs. 2, § 7 — fortgesetzt wird.

Die Nichterfüllung von Auflagen fällt unter § 29 Ziff. 1; sie kann zur Zurücknahme der Erlaubnis führen, § 12 Abs. 2 Ziff. 5.

Bei unbefugtem Betrieb durch eine juristische Person oder einen nicht rechtsfähigen Verein — vgl. § 2 Abs. 2 — haften die Vertretungsberechtigten.

3. Ziff. 2. Die Gewerbeausübung durch einen Stellvertreter bedarf nach § 6 der Stellvertretungserlaubnis. Verfehlungen des Betriebsinhabers gegen diese Vorschrift fallen unter § 30 Abs. 1 Ziff. 2, bzw. Abs. 3; für den Stellvertreter selbst gilt in diesem Falle die Strafvorschrift des § 29 Ziff. 3.

Personen, die sich als Stellvertreter bezeichnen, in Wirklichkeit aber das Gewerbe im eigenen Namen und auf eigene Rechnung, also selbständig, ohne Erlaubnis ausüben, fallen unter Ziff. 1; vgl. R 24, 236; 43, 7.

Über die Zurücknahme der Stellvertretungserlaubnis s. § 12.

4. Ziff. 3. Vgl. die §§ 13, 25.

5. Abs. 2. Wiederholt bestraft worden ist. Wiederholt heißt mindestens zweimal; es handelt sich um Rückfall. Verfehlungen gegen § 16 sind strafbar nach § 29 Ziff. 8.

Fristberechnung § 188 Abs. 2, § 187 Abs. 1 BGB.

VII. Übergangs- und Schlußvorschriften

§ 31

(1) Forderungen eines Gast- oder Schankwirts aus dem Ausschank von Branntwein können weder eingeklagt noch in sonstiger Weise geltend gemacht werden, wenn sie Personen gestundet worden sind, die dem Gast- oder Schankwirt eine frühere Schuld gleicher Art noch nicht bezahlt haben.[1] Dasselbe gilt für Forderungen aus der Abgabe von Branntwein im Kleinhandel, sofern nicht die Lieferung mit Bezug auf den Geschäftsbetrieb oder Wirtschaftsbetrieb des Empfängers erfolgt.

(2) Als Stundung im Sinne des Abs. 1 gilt nur die Befristung der Zahlung über den Zeitpunkt hinaus, in dem der Gast die Gast- oder Schankwirtschaft verläßt.

(3) Die Vorschrift des Abs. 1 findet auf Forderungen aus dem Ausschank in einer Gastwirtschaft an die zur Beherbergung aufgenommenen Gäste und auf Forderungen aus dem Ausschank von Branntwein, der üblicherweise als Zubehör zu Mahlzeiten verabfolgt wird, keine Anwendung.

1. § 31 hat den Zweck, die Abgabe von Branntwein auf Kredit zu erschweren. Er ändert Bestimmungen des BGB ab: Der Verkäufer kann seine Forderung auf Bezahlung des Kaufpreises weder im Wege der Klage noch auf „sonstige Weise", also z. B. durch Aufrechnung (BGB § 387 ff.) geltend machen.

Vgl. dazu Art. 144 Abs. 1 PolStGB, wonach schenkberechtigte Brauer und Bierwirte, solange ihre Vorräte reichen, einem Käufer die Abgabe ihrer Verbrauchsgegenstände gegen Zahlung nicht verweigern dürfen.

Die Ansprüche der Gastwirte und derjenigen, welche Speisen und Getränke gewerbsmäßig verabreichen, für Gewährung von Wohnung und Beköstigung, sowie für andere den Gästen zur

Befriedigung ihrer Bedürfnisse gewährte Leistungen, einschließlich der Auslagen, verjähren in zwei Jahren, BGB §§ 196 Ziff. 4, 198, 201.

§ 32

Die Gewerbeordnung wird wie folgt geändert:

1. § 33, § 35 Abs. 4 Satz 2 werden gestrichen;
2. im § 40, § 49 Abs. 1 Satz 1 und im § 53 Abs. 2 werden die Verweisungen auf § 33 gestrichen.

§ 33

Es werden aufgehoben:

1. § 365 des Strafgesetzbuchs für das Deutsche Reich;
2. das Gesetz vom 12. Juni 1872 (Reichsgesetzbl. S. 170), betreffend die Einführung der Gewerbeordnung in Bayern[1];
3. Artikel 3 Abs. 2 des Gesetzes vom 23. Juli 1879 (Reichsgesetzbl. S. 267), betreffend die Abänderung einiger Bestimmungen der Gewerbeordnung[2];
4. die Bekanntmachung des Bundesrats, betreffend den Ausschank und Verkauf von Branntwein und Spiritus, v. 26. März 1915 (Reichsgesetzbl. S. 183)[3];
5. das Gesetz über weibliche Angestellte in Gast- und Schankwirtschaften vom 15. Januar 1920 (Reichsgesetzbl. S. 69);
6. § 107 des Gesetzes über das Branntweinmonopol vom 8. April 1922 (Reichsgesetzbl. I S. 405);
7. Artikel I des Notgesetzes vom 24. Februar 1923 (Reichsgesetzbl. I S. 147).[4]

1. Dieses RG hielt die bayerischen Vorschriften über den Ausschank der eigenen Erzeugnisse aufrecht. An seine Stelle ist nun § 28 getreten; vgl. § 28 Anm. 1.

2. Vgl. § 28 Anm. 1.

3. Vgl. § 15 Anm. 1.

4. Die Bestimmungen des Notgesetzes (§ 33 GewO) sind aufgehoben, dagegen haben Erlaubnisse, die nach dem früheren Recht erteilt wurden, ihre Geltung behalten; auch ihr Inhalt ist nach dem alten Recht zu beurteilen. Vgl. § 1 Anm. 1, § 22 Anm. 4; über die Stellvertretungserlaubnis § 6 Anm. 2 a. E.

§ 34

Soweit in reichs- oder landesrechtlichen Vorschriften auf Vorschriften verwiesen ist, die durch § 32 oder § 33 aufgehoben sind, treten die entsprechenden Vorschriften dieses Gesetzes an ihre Stelle.

§ 35

Auf die im § 1 Abs. 1 erwähnten Gewerbebetriebe finden die Vorschriften der Gewerbeordnung soweit Anwendung, als nicht in diesem Gesetze besondere Bestimmungen getroffen sind.[1]

1. Die wichtigsten, für das Wirtschaftsgewerbe einschlägigen Bestimmungen der GewO sind im Anhang S. 130 abgedruckt.

§ 36

Dieses Gesetz tritt am 1. Juli 1930 in Kraft.

B. Bayer. Gesetz über den Kleinhandel mit Bier.

Vom 27. August 1931 (GVBl. S. 223).

Der Landtag des Freistaates Bayern hat das folgende Gesetz beschlossen:

Art. 1

I Auf den Kleinhandel mit Bier finden folgende Bestimmungen des Gaststättengesetzes vom 28. April 1930 (RGBl. I S. 146) entsprechende Anwendung: § 1 Abs. 1 und 2, § 2, § 3 Abs. 1, 2 und 4, §§ 4 mit 8, § 11 Abs. 1, § 12, § 17 Abs. 1, § 18, §§ 20 mit 22, § 23 Abs. 1, § 27 Abs. 1 Ziff. 1 bis 3 und Abs. 2, § 29 Ziff. 1 mit 4 und 9, § 30 Abs. 1 Ziff. 1 und 2 und Abs. 3, § 35.

II Das Staatsministerium des Äußern bestimmt die Voraussetzungen,

a) unter denen ein Bedürfnis für die Erlaubniserteilung anzuerkennen oder zu verneinen ist,
b) unter denen der Handel mit Bier als Kleinhandel im Sinne dieses Gesetzes anzusehen ist [1.2.3.4.5.].

1. Begriff.

Als Kleinhandel mit Bier gilt jede gewerbsmäßige und in den Fällen des entsprechend anzuwendenden § 23 Abs. 1 GastG auch die nicht gewerbsmäßige Abgabe von Bier unmittelbar an Verbraucher. Verbraucher im Sinne dieser Vorschrift ist, wer Bier zum persönlichen Genuß oder zur Verwendung im eigenen Haushalt bezieht; § 1 Abs. 1 der V vom 12. 9. 31, GVBl 255, übereinstimmend mit dem auf § 13 Abs. 3 GastG sich stützenden § 10 der V vom 21. 6. 30, RGBl 191, abgedruckt im Anhang S. 112.

Als Kleinhandel mit Bier gilt nicht die Abgabe von Bier eigenen Erzeugnisses durch Brauer oder Kommunbrauer, sofern die Abgabe unmittelbar an Verbraucher von der Braustätte oder vom Lagerkeller oder auch von einer räumlich getrennten Bierabfüllerei aus erfolgt; § 1 Abs. 2 der V vom 12. 9. 31, § 2 Abs. 1 der VollzBek vom 15. 9. 31, GVBl 270, beide abgedruckt im Anhang S. 103 und S. 107.

Auch die ortsübliche Abgabe von Bier über die Straße in Flaschen oder offenen Gefäßen durch schankberechtigte Wirte (Gassenschank, vgl. GastG § 1 Anm. 2) ist nicht Bierkleinhandel, § 2 Abs. 1 der VBek.

Wird das Bier nicht zum Mitnehmen, sondern zum sofortigen Genuß auf der Stelle abgegeben, so wird eine Schankwirtschaft betrieben, wozu Erlaubnis nach dem GastG nötig ist, GastG § 1 Anm. 2, § 2 Abs. 2 der VBek vom 15. 9. 31.

Voraussetzung der Erlaubnispflicht ist die Gewerbsmäßigkeit des Betriebes. Jedoch bedürfen die im § 23 Abs. 1 GastG aufgeführten Vereine und Gesellschaften auch dann der Erlaubnis, wenn sie den Bierkleinhandel ohne Gewinnabsicht betreiben; nur die Abgabe von Bier an ihre Angestellten und Arbeiter ist ihnen ohne Erlaubnis gestattet; vgl. VollzBek vom 15. 9. 31 § 1 Abs. 2 Ziff. 2 u. 3.

Die im § 27 GastG angeführten Betriebe bedürfen zum Bierkleinhandel keiner Erlaubnis, § 1 Abs. 2 Ziff. 1 der VBek.

2. Geltungsbereich.

Das Gesetz über den Kleinhandel mit Bier hat keine rückwirkende Kraft; die nach Art. 1 anzuwendenden Bestimmungen des GastG gelten daher nicht für Kleinbierhändler, die ihr Gewerbe bereits vor Inkrafttreten des Gesetzes — 14. 9. 31 — begonnen haben. Diese dürfen den Bierkleinhandel in der bisherigen Art und in den bisherigen Räumen ohne Erlaubnis weiter betreiben, vgl. § 12 der VBek, abgedruckt im Anhang S. 107. Wenn sie aber die Betriebsart ändern, die Räume wechseln oder wesentlich verändern, so bedürfen sie zur Ausübung des so geänderten Betriebes der Erlaubnis, § 1 Abs. 1 der VBek.

Zu beachten ist, daß für die in der Zeit vom 1. 7. 1930 bis zum 13. 9. 31 d. i. nach dem Inkrafttreten des GastG. und vor dem Inkrafttreten des BierklhG. eröffneten Betriebe die Pflicht der Anzeige nach Art. 2 BierklhG besteht; sie werden also ebenso behandelt wie die vor dem 1. 7. 30 begonnenen Bierkleinhandlungen.

3. Maßgebende Vorschriften des GastG.

Zur Neuerrichtung von Bierkleinhandlungen ist die gewerbepolizeiliche Erlaubnis der Bezirksverwaltungsbehörde (Bezirksamt, Stadtrat) erforderlich (GastG § 1). Der Neuerrichtung stehen gleich die Übernahme eines bestehenden Betriebes, die Änderung der Betriebsart und die wesentliche Veränderung der Räume. Der Erlaubnis bedürfen auch juristische Personen und nichtrechtsfähige Vereine, die im § 23 GastG erwähnten Vereine und Gesellschaften sogar dann, wenn sie den Bierkleinhandel nicht gewerbsmäßig betreiben. Die Erlaubnis darf nur erteilt werden, wenn ein Bedürfnis nachgewiesen ist und keine Versagungsgründe nach § 2 Abs. 1 GastG vorliegen. Auf andere Gründe darf die Versagung der Erlaubnis nicht gestützt werden, jedoch kann die Erlaubnisbehörde die Behandlung eines Antrages ablehnen, solange der Antragsteller nicht nachweist, daß er berechtigt ist, über die Betriebsräume zu verfügen, § 3 Abs. 2 der VBek. vom 15. 9. 31 (Anhang S. 107). Über die Prüfung der Bedürfnisfrage sind Grundsätze in den §§ 2—6 der V vom 12. 9. 31, GVBl 255, abgedruckt im Anhang S. 104, aufgestellt; bei Prüfung der Räume ist § 6 der VBek vom 15. 9. 31 zu beachten. Die Erlaubnis ist für eine bestimmte Betriebsart (Abgabe in Flaschen oder offen), für bestimmte Arten von Getränken (Braun-, Weiß-, Weizenbier usw.) und für bestimmte Räume zu erteilen; sie darf nicht auf Zeit oder auf Widerruf erteilt werden, GastG § 3 Abs. 1, 2 und 4; VBek § 7. Die Erlaubnis kann mit der Beschränkung erteilt werden, daß der Bierkleinhandel nur im Betrieb eines vom Antragsteller in einer offenen Verkaufsstelle geführten Geschäftes bestimmter Art gestattet wird. Von dieser Befugnis ist im allgemeinen Gebrauch zu machen, GastG § 3 Abs. 2, VBek § 7 Abs. 2.

Für den Kleinbierhandel gelten auch die Bestimmungen des GastG § 4 über die Befristung der Erlaubnis, ferner die Vorschrift des § 5, wonach die einer juristischen Person oder einem nichtrechtsfähigen Verein erteilte Erlaubnis nach 30 Jahren erlischt. Ferner gelten die Vorschriften des GastG über die Stellvertretungserlaubnis (§ 6), über die widerrufliche Zulassung bei Geschäftsübernahme (§ 7), über die Gestattung bei vorübergehendem Bedürfnis (§ 8), über die Zulässigkeit von Auflagen zum Schutze der Kunden, der Angestellten und Arbeiter sowie der Nachbarn (§ 11), über die Zurücknahme der Erlaubnis (§ 12)*), über die Untersagung der Beschäftigung von Betriebsleitern und Aufsichtspersonen (§ 17 Abs. 1) und über das Verfahren (§§ 18, 20 mit 22) auch für den Bierkleinhandel. Ebenso finden die zu diesen Bestimmungen erlassenen Vollzugsvorschriften Anwendung, § 9 der VBek vom 15. 9. 31, GVBl 270, abgedruckt im Anhang S. 107.

Einschlägige Strafbestimmungen sind § 29 Ziff. 1 mit 4 und 9, § 30 Abs. 1 Ziff. 1 und 2 und Abs. 3 des GastG.

Die bayerischen Vorschriften über die Zuständigkeit und das Verfahren stimmen überein mit den Bestimmungen, welche zum Vollzug des GastG erlassen sind, §§ 7, 8, 9 der V vom 12. 9. 31, GVBl 255 (Anhang S. 103).

4. Über die erteilten Erlaubnisse hat die Bezirksverw.-Beh. ein Verzeichnis zu führen, § 10 der VBek.

5. Kosten- und Stempelpflicht.

Die Kosten des Verfahrens einschließlich der nach Art. 142, 143 Kostenges. festzusetzenden Gebühr hat der Antragsteller zu tragen, Art. 166 Abs. 1 Ziff 2 a. a. O. Neben der Gebühr wird gemäß Art. 3 BierklhG ein Stempel in Höhe von 30 bis 500 RM. erhoben. Seine Höhe ist gemäß Art. 22 des Stempelgesetzes unter Berücksichtigung der Bedeutung der Sache und der Leistungsfähigkeit des Pflichtigen zu bestimmen; hierzu kommt der Zuschlag von 20 v. H. nach dem Ges. vom 24. 6. 30, GVBl 203; vgl. § 11 der VBek vom 15. 9. 31, abgedruckt im Anhang S. 107.

---

*) Für die im Zeitpunkt des Inkrafttretens des BierklhG — 14. 9. 31 — bereits vorhandenen Bierkleinhandlungen, welche ohne Erlaubnis weiterbetrieben werden dürfen, kann Untersagung nach § 13 Abs. 1 des GastG in Frage kommen; vgl. § 19 Abs. 2 der VBek. z. GastG, abgedruckt S. 96.

Art. 2

I Wer den Kleinhandel mit Bier in der Zeit vom 1. Juli 1930 bis zum Inkrafttreten dieses Gesetzes begonnen hat, hat hiervon für jede Betriebsstätte binnen einem Monat nach Inkrafttreten des Gesetzes der zuständigen Behörde schriftliche Anzeige zu erstatten; er ist von der Anzeigepflicht befreit, wenn er den Kleinhandel mit Bier nach Ablauf dieser Frist nicht mehr ausübt.[1]

II Wer die nach Abs. I erforderliche Anzeige nicht oder nicht rechtzeitig macht, unterliegt den Strafen des § 29 des Gaststättengesetzes.

III Für die Entgegennahme der Anzeige nach Abs. I wird eine Gebühr von 30 bis 500 RM. erhoben.

1. Der Beginn des Kleinhandels mit Bier war nach § 35 Abs. 4 mit Abs. 7 GewO. anzeigepflichtig. Für die Entgegennahme der Anzeige war nach Art. 156 des bayer. Kostengesetzes eine Gebühr von 20 bis 200 RM. zu entrichten. Die Anzeigepflicht wurde durch § 32 Ziff. 1 des GastG, das am 1. 7. 30 in Kraft trat, beseitigt; daher konnte auch eine Gebühr seitdem nicht mehr erhoben werden.

Nach Art. 2 haben Bierkleinhändler, die ihr Gewerbe in der Zeit vom 1. 7. 30 bis zum 13. 9. 31 begonnen haben, binnen 1 Monat nach Inkrafttreten des BierklhG Anzeige zu erstatten. Die Anzeige ist schriftlich an die Bezirksverwaltungsbehörde (Bezirksamt, Stadtrat) des Betriebssitzes zu richten, § 7 Abs. 1 der V vom 12. 9. 31, GVBl 255 (Anhang S. 103). Die Anzeigepflicht wird dadurch nicht aufgehoben, daß in dem angegebenen Zeitraum irrtümlich bereits eine Anzeige erstattet worden ist (Begr.). Sie fällt weg, wenn der Bierkleinhandel bei Ablauf der Einmonatsfrist eingestellt war. Für die Entgegennahme der Anzeige wird gemäß Abs. 3 eine Gebühr von 30 bis 500 RM. erhoben. Auf diese Gebühr ist eine Gebühr anzurechnen, die etwa — zu Unrecht — auf Grund des Art. 156 KostG bisheriger Fassung erhoben worden ist. Zu der Gebühr tritt der Zuschlag von 20 v. H. nach dem Ges vom 24. 6. 30, GVBl 203; vgl. § 12 Abs. 3 der MB vom 15. 9. 31, GVBl 270.

Art. 3.[1]

I Im Stempelgesetze vom 16. Februar 1921 (GVBl. S. 182) ist in Nummer 19 des Tarifs nach Abs. VI einzuschalten:

„VIa Die Erlaubnis zum Kleinhandel mit Bier . . . . 30 bis 500 RM."

II Art. 156 des Kostengesetzes vom 16. Februar 1921 (GVBl. S. 134) erhält folgende Fassung:

„Für die Entgegennahme der Anzeige nach § 115 Abs. 1 des Reichsgesetzes über die privaten Versicherungsunternehmungen wird eine Gebühr von 40 bis 400 RM. erhoben."

1. Zu Art. 3 vgl. Art. 1 Anm. 5.

Art. 4.

Dieses Gesetz ist dringend.[1]

München, den 27. August 1931.

1. Das Ges. ist am 14. 9. 31 in Kraft getreten, § 75 der Verf.-Urk. vom 14. 8. 19, GVBl 531; es ist dringend, daher gemäß § 77 Abs. 1 Ziff. 6 a. a. O. von der Volksentscheidung ausgenommen.

Anhang A

Vollzugsvorschriften

1. Zum Gaststättengesetz.

a) Verordnung zum Vollzug des Gaststättengesetzes vom 28. April 1930 (RGBl. I S. 146 VV. z. GastG.).

Vom 12. September 1931 (GVBl. S. 251).

Staatsministerien des Äußern und für Landwirtschaft und Arbeit, Abteilung Arbeit.

Auf Grund der §§ 1, 17 Abs. 2, 18 und 24 Abs. 2 des Gaststättengesetzes (GastG.) vom 28. April 1930 (RGBl. I S. 146) wird zum Vollzug dieses Gesetzes mit Ausnahme des § 14 bestimmt:

I. Grundsätze für die Prüfung des Bedürfnisses.

§ 1.

Bei der Verlegung einer bestehenden Gast- oder Schankwirtschaft in ein anderes, nicht in unmittelbarem räumlichen Zusammenhang mit dem seitherigen stehendes Gebäude ist das Bedürfnis regelmäßig in gleicher Weise und mit derselben Strenge zu prüfen wie bei einem neu zu errichtenden Betrieb.

§ 2.

I Bei Anträgen auf Erteilung der Erlaubnis zum Betrieb einer Gastwirtschaft oder zum Ausschank geistiger Getränke auf Sport-, Bade- oder Spielplätzen ist das Bedürfnis besonders streng zu prüfen; es ist regelmäßig zu verneinen, soweit der Wirtschaftsbetrieb über den Personenkreis hinausgeht, für den der Sport-, Bade- oder Spielplatz bestimmt ist.

II Das gleiche gilt für die Erteilung der Erlaubnis zum Betrieb einer Gastwirtschaft oder zum Ausschank geistiger Getränke in Wald- und sonstigen Erholungsheimen.

§ 3.

Bei Anträgen auf Erteilung der Erlaubnis zum Getränkeausschank in Waren- oder Kaufhäusern darf das Bedürfnis höchstens insoweit anerkannt werden, als es mit Rücksicht auf die Größe und den Umfang des Betriebes sowie auf die Zahl der Besucher, die während der Hauptgeschäftszeiten durchschnittlich anwesend sind, gerechtfertigt ist; das Bedürfnis ist nur für die Verkaufszeit und für besondere Erfrischungsräume anzuerkennen. Hinsichtlich des Ausschanks nichtgeistiger Getränke in solchen Räumen ist das Vorliegen der Voraussetzungen, unter denen nach § 1 der Verordnung zur Ausführung des Gaststättengesetzes vom 21. Juni 1930 (RGBl. I S. 191) eine weniger strenge Prüfung des Bedürfnisses zugelassen ist, nicht anzuerkennen.

§ 4.

Bei Anträgen auf Erteilung der Erlaubnis zum Ausschank von nichtgeistigen Getränken, ausgenommen Milch, an Verkaufsständen, Trinkwasserhäuschen oder dergl. ist das Vorliegen der Voraussetzungen, unter denen nach § 1 der Verordnung zur Ausführung des Gaststättengesetzes vom 21. Juni 1930 eine weniger strenge Prüfung des Bedürfnisses zugelassen ist, nicht anzuerkennen.

§ 5.

Bei der Bedürfnisprüfung für eine schon vorhandene Gast- oder Schankwirtschaft ist unter Beachtung des § 5 Ziff. 3 der Verordnung zur Ausführung des Gaststättengesetzes vom 21. Juni 1930 auf eine planmäßige Verminderung der über das Bedürfnis hinaus vorhandenen Betriebe Bedacht zu nehmen; dabei hat eine strengere Bedürfnisprüfung nicht nur gegenüber Betrieben, die einem häufigen Besitzwechsel unterliegen, sondern auch gegenüber solchen Betrieben stattzufinden, die sich auf die Dauer als nicht lebensfähig erwiesen haben oder nicht ordnungsmäßig geführt werden.

II. Zulassung, Verhalten und Entlohnung weiblicher Arbeitnehmer in Gast- oder Schankwirtschaften.

1. Allgemeines.

§ 6.

I Als weibliche Arbeitnehmer im Sinne des § 17 Abs. 2 GastG. und der folgenden Bestimmungen gelten alle weiblichen Personen, die in Gast- oder Schankwirtschaften zur Bedienung der Gäste oder zu deren Unterhaltung in der Weise tätig sind, daß ein unmittelbarer Verkehr mit den Gästen stattfindet, auch wenn sie daneben noch andere Arbeit verrichten.

II Als Wirt gilt auch, wer den Wirtschaftsbetrieb als Stellvertreter (§ 6 GastG.) ausübt.

§ 7.

Wer in der von ihm betriebenen Gast- oder Schankwirtschaft weibliche Arbeitnehmer im Sinne des § 17 Abs. 2 GastG. in Beschäftigung nimmt, hat dies der Bezirksverwaltungsbehörde (Bezirksamt, Stadtrat, in München Polizeidirektion) anzumelden.

§ 8.

I Die Beschäftigung weiblicher Personen unter 16 Jahren ist verboten. Die Beschäftigung weiblicher Personen unter 18 Jahren ist nur mit Erlaubnis der Bezirksverwaltungsbehörde gestattet. Die Erlaubnis darf nur erteilt werden, wenn der Betrieb die Gewähr bietet, daß bei der Beschäftigung weiblicher Personen den Anforderungen der Gesundheit, der Sittlichkeit und des Anstandes voll genügt wird.

II Die Bezirksverwaltungsbehörde kann Betrieben, welche diesen Bedingungen genügen, die Erlaubnis zur Einstellung 16—18 jähriger weiblicher Personen allgemein erteilen.

III Die Erlaubnis kann widerrufen werden; sie muß widerrufen werden, wenn der Betriebsunternehmer oder die Personen, deren er sich zur Leitung oder Beaufsichtigung des Betriebes bedient, sich bei der Verwendung, Anleitung und Überwachung der weiblichen Angestellten grober Verstöße oder Nachlässigkeiten namentlich in gesundheitlicher oder sittlicher Beziehung zu Schulden kommen lassen.

IV Vor Erteilung und vor Widerruf der Erlaubnis ist das Jugendamt zu hören.

§ 9.

I Das Arbeitsentgelt der weiblichen Bedienung muß mindestens zu einem angemessenen Teil aus einem festen Barlohn bestehen. Tariflöhne gelten als angemessen. Die Übernahme des Arbeitnehmeranteils an den Soziallasten durch den Arbeitgeber gilt für sich allein nicht als angemessener Barlohn.

II Wohnung und Verpflegung dürfen nur nach tariflichen oder ortsüblichen Sätzen auf den Lohn angerechnet werden. Leistungen der Angestellten, die auf einen Beitrag zu den Kosten des Unternehmers hinauslaufen, wie Bruchgeld, Putzgeld usw., das Halten von Zeitungen, Stellung von Aushilfen oder Beiträge für Aushilfs- und anderes Personal dürfen nicht vereinbart werden.

III Die Zahlung von Provisionen für den Verkauf von Getränken ist verboten.

§ 10.

Die §§ 7—9 gelten nicht für die Beschäftigung der Familienangehörigen des Wirtes.

2. Besondere Bestimmungen zur Aufrechterhaltung der Gesundheit, Sittlichkeit und des Anstandes.

§ 11.

I Die Beschäftigung weiblicher Arbeitnehmer in Gast- oder Schankwirtschaften kann durch die Bezirksverwaltungsbehörde untersagt werden, wenn durch diese Beschäftigung Gesundheit, gute Sitten, Ordnung oder Anstand gefährdet werden, insbesondere wenn in den in Frage stehenden Räumen innerhalb der letzten drei Jahre ein übelberüchtigter Schankbetrieb stattgefunden hat.

II Sie muß untersagt werden:

1. wenn der Wirt oder die von ihm bei der Leitung oder Beaufsichtigung des Betriebs verwendeten Personen keine hinreichende Gewähr für einen genügen-

den Schutz der sittlichen und gesundheitlichen Belange der im Betrieb beschäftigten weiblichen Personen bieten;

2. wenn die Räumlichkeiten der Gast- oder Schankwirtschaft für eine sittlich oder gesundheitlich ungefährdete Beschäftigung und etwaige Unterbringung weiblicher Personen nicht geeignet sind oder wenn die zum Betriebe des Gewerbes oder die zum Aufenthalt der weiblichen Arbeitnehmer bestimmten Räume wegen ihrer Beschaffenheit oder Lage den polizeilichen Anforderungen nicht genügen (§ 2 Abs. 1 Ziff. 3 GastG.);
3. wenn Umstände vorliegen, welche die Annahme rechtfertigen, daß weibliche Arbeitnehmer auch deswegen beschäftigt werden, um Gäste anzulocken und zu übermäßigem Verbrauch, insbesondere geistiger Getränke, anzureizen;
4. wenn Tatsachen im Sinne des § 2 Abs. 1 Ziff. 2 GastG. vorliegen.

§ 12.

In Gast- oder Schankwirtschaften mit weiblicher Bedienung müssen die Räume, in denen Speise- und Schankwirtschaftsbetrieb stattfindet, übersichtlich und von der Straße unmittelbar oder leicht zugänglich sein. Wenn die Gast- oder Schankwirtschaft in mehreren Räumen betrieben wird, muß jeder dieser Räume für die Beamten der Polizei ohne weiteres zugänglich sein.

§ 13.

Auf weibliche Bedienung darf durch öffentliche Ankündigungen oder durch Kennzeichnung der Betriebe nicht hingewiesen werden.

§ 14.

Die Bezirksverwaltungsbehörde kann die Unternehmer von Betrieben, welche in sittenpolizeilicher Hinsicht zu Bedenken Anlaß geben, oder ihre Stellvertreter verpflichten, jeden Ein- und Austritt weiblicher Arbeitnehmer der Ortspolizeibehörde binnen drei Tagen anzuzeigen. Der Wirt hat in diesem Fall ein Verzeichnis der bei ihm beschäftigten weiblichen Arbeitnehmer zu führen, in seinem Betrieb aufzubewahren und den Aufsichtsbeamten auf Verlangen jederzeit vorzulegen. Das Verzeichnis hat Vor- und Zunamen, Jahr, Tag und Ort der Geburt und den letzten Aufenthaltsort der Arbeitnehmer, sowie ihre vorhergehende Beschäftigungsstelle, endlich den Ein- und Austrittstag zu enthalten.

§ 15.

I Der Wirt und die von ihm bei der Leitung oder Beaufsichtigung des Betriebs verwendeten Personen sind dafür verantwortlich, daß die bei ihm beschäftigten weiblichen Arbeitnehmer im Betrieb kein anstößiges, auffälliges oder unziemliches Verhalten an den Tag legen.

II Die Bezirksverwaltungsbehörde kann für Betriebe, die in sittenpolizeilicher Hinsicht zu Bedenken Anlaß geben, weitergehende Anordnungen treffen. Insbesondere kann sie anordnen:

1. daß nicht mehr weibliche Hilfskräfte eingestellt werden und in der Wirtschaft anwesend sein dürfen, als nach der Größe und Art des Betriebs für eine einwandfreie Wirtschaftsführung erforderlich ist. Die Bezirksverwaltungsbehörde kann die zulässige Höchstzahl bestimmen;
2. daß die weiblichen Arbeitnehmer unauffällige Kleidung tragen, jedes Anlocken von Gästen zum Wirtshausbesuch unterlassen, nicht an Gästetischen Platz nehmen und nicht mit Gästen trinken oder sich von ihnen Getränke geben oder bezahlen lassen;
3. daß die weiblichen Arbeitnehmer am Gewinn oder Umsatz nicht beteiligt werden dürfen.

§ 16.

I Weiblichen Personen, gegen die Tatsachen vorliegen, welche die Annahme rechtfertigen, daß sie bei einer Beschäftigung im Sinne des § 17 Abs. 2 GastG. die Anforderungen der Gesundheit oder der guten Sitten und des Anstandes gröblich verletzen, ist durch die Bezirksverwaltungsbehörde die Beschäftigung zu untersagen. Den Wirten ist die Aufnahme weiblicher Arbeitnehmer, denen die Beschäftigung untersagt ist, verboten.

II Die Ortspolizeibehörden, denen solche Tatsachen bekannt werden, sind gehalten, hiervon umgehend die Bezirksverwaltungsbehörde zu benachrichtigen.

§ 17.

Die §§ 11—16 gelten auch für die Familienangehörigen des Wirtes.

III. Realgewerbeberechtigungen.

§ 18.

Auf Realgewerbeberechtigungen finden die Vorschriften des Gaststättengesetzes über den Bedürfnisnachweis (§ 1 Abs. 2), über die Lage der Räume (§ 2 Abs. 1 Ziff. 3) und über das öffentliche Interesse hinsichtlich der Verwendung der Räume (§ 2 Abs. 1 Ziff. 4) dann Anwendung, wenn die Erlaubnis auf Grund einer Realgewerbeberechtigung für ein Grundstück nachgesucht wird, auf dem die Erlaubnis auf Grund dieser Realgewerbeberechtigung bisher nicht ausgeübt wurde.

IV. Zuständigkeit und Verfahren.

1. Zuständigkeit.

§ 19.

I Zuständig zum Vollzug der §§ 1, 4, 5 Abs. 2, §§ 6, 7, 11, 12, 13, 17 Abs. 1, § 19 Abs. 2 Satz 3, § 22 Abs. 2 Satz 4, § 24 Abs. 1 Satz 2, § 28 Satz 2 GastG. ist die Bezirksverwaltungsbehörde (Bezirksamt, Stadtrat) des Betriebssitzes.

II Zuständig zum Vollzug der §§ 8, 22 Abs. 1 und Abs. 2 Satz 1 GastG. ist die Ortspolizeibehörde (in Gemeinden mit staatlicher Polizeiverwaltung der Stadtrat) des Betriebssitzes.

2. Verwaltungsrechtsverfahren.

§ 20.

Für das Verfahren gelten in den Fällen der §§ 1, 4 Abs. 1 und 2, §§ 6, 11, 12, 13 Abs. 1, § 17 Abs. 1 Satz 1, § 24 Abs. 1 Satz 2, § 25 in Verbindung mit § 13 Abs. 1, § 28 Satz 2 GastG. die §§ 21—23 dieser Verordnung.

§ 21.

Der Bescheid muß schriftlich erteilt werden; er muß mit Gründen und einer Belehrung über das zulässige Rechtsmittel versehen sein, es sei denn, daß die Erlaubnis zur Weiterführung eines bestehenden Betriebs erteilt wird. In dem Bescheid, durch den die Erlaubnis zum Betrieb eines der in § 1 Abs. 1 GastG. bezeichneten Gewerbe erteilt wird, müssen die Betriebsart, die zugelassenen Räume, sowie die dem Betriebsinhaber etwa gemachten Auflagen und bei Gast- oder Schankwirtschaften die Arten der zugelassenen Getränke bezeichnet sein.

§ 22.

Das Verfahren muß den Vorschriften der §§ 20, 21, 21 a der Gewerbeordnung genügen. Die Kreisregierung, K. d. J., bildet im Sinne des § 21 Ziff. 3 GewO. die kollegiale Behörde, auch wenn in erster Rechtsstufe eine kreisunmittelbare Stadt den Beschluß nach kollegialer Beratung erlassen hat. Im übrigen findet Art. 8 des Verwaltungsgerichtsgesetzes (GVBl. 1878 S. 369) mit den einschlägigen Vorschriften dieses Gesetzes über Verwaltungsrechtssachen Anwendung. Dabei unterliegt auch der Nachweis des Bedürfnisses (§ 1 Abs. 2 GastG.) der gerichtlichen Nachprüfung. Die Beschwerde (der Rekurs) gegen die Entscheidung eines Stadtrates als Bezirksverwaltungsbehörde in erster Rechtsstufe steht dem ersten Bürgermeister oder seinem nach Art. 18 der Gemeindeordnung vom 17. Oktober 1927 (GVBl. S. 293) bestimmten Stellvertreter als Vertreter des öffentlichen Interesses zu; ihm gegenüber beginnt die Rekursfrist mit der Zustellung des Bescheides an den Antragsteller, ohne daß es der Zustellung des Bescheids an ihn bedarf.

§ 23.

Art. 9 a Abs. II des Verwaltungsgerichtsgesetzes findet auch auf folgende Fälle Anwendung:

a) Erteilung der Erlaubnis zum Betrieb der Gast- oder Schankwirtschaft (§ 1 GastG.),

b) Versagung der Stellvertretungserlaubnis (§ 6 GastG.),

c) Anordnung von Auflagen (§ 11 GastG.),
d) Untersagung der Beschäftigung einer Person (§ 17 Abs. 1 Satz 1 GastG.),
e) Untersagung des Kleinhandels mit Wein oder des Ausschanks von Milch (§§ 9, 13 GastG.) oder des Betriebes der Speisewirtschaft (§§ 13, 25 GastG.).

3. Einfaches Verwaltungsverfahren.

§ 24.

Soweit nicht das Verwaltungsrechtsverfahren stattfindet, gilt folgendes:

1. In den Fällen des § 5 Abs. 2, der §§ 7, 17 Abs. 1 Satz 2, § 19 Abs. 2 Satz 3, § 22 Abs. 2 Satz 4 GastG. entscheidet die Bezirksverwaltungsbehörde endgültig.
2. In den sonstigen Fällen ist gegen die Entscheidung der ersten Stufe binnen 14 Tagen, vom Tage der Eröffnung an gerechnet, Beschwerde an die nächstvorgesetzte Behörde zulässig; diese entscheidet endgültig. In den Fällen des Abschnittes II der Verordnung (§§ 6—17) bewirkt die Beschwerde keinen Aufschub.
3. Im übrigen verbleibt es bei den bestehenden Vorschriften.

4. Vollzug des § 19 Abs. 2 GastG.

§ 25.

Die Bestimmungen des § 19 Abs. 2 GastG. finden auch Anwendung bei Erteilung der Erlaubnis für die Ausdehnung bestehender Betriebe auf den Ausschank anderer geistiger Getränke als Branntwein.

V. Schlußvorschriften.

§ 26.

I § 18 tritt, soweit es sich um die Vorschrift über den Bedürfnisnachweis (§ 1 Abs. 2 GastG.) handelt, am 1. Juli 1933 in Kraft.

II Im übrigen tritt die Verordnung sofort in Kraft.

§ 27.

Aufgehoben werden:
1. die Verordnung des Staatsministeriums des Äußern vom 1. Juli 1930 über den Vollzug des Gaststättengesetzes (StA. Nr. 149),
2. die Verordnung des Gesamtstaatsministeriums über die Beschäftigung weiblicher Personen in Gast- und Schankwirtschaften vom 15. Dezember 1921 (GV.-Bl. S. 592).

München, den 12. September 1931.

J. V. Dr. Bleyer. J. V. Funke.

b) Bekanntmachung zum Vollzug des Gaststättengesetzes (VBek. z. GastG.).

Vom 15. September 1931 (GVBl. S. 257).

Staatsministerium des Äußern.

Zur Durchführung des Gaststättengesetzes vom 28. April 1930 (RGBl. I S. 146) und der Vollzugsverordnung vom 12. September 1931 (GVBl. S. 251) wird im Einvernehmen mit den beteiligten Staatsministerien bestimmt:

I. Erlaubnis zum Gewerbebetrieb.

§ 1.

Erlaubnispflicht.

Zu § 1 Abs. 1 GastG.

I Der Erlaubnis nach § 1 Abs. 1 GastG. bedürfen nicht nur die Errichtung neuer und die Übernahme bestehender Betriebe, sondern auch
1. die ganze oder teilweise Verlegung eines bestehenden Betriebes in andere Räume,
2. alle wesentlichen Änderungen in der Betriebsart oder im räumlichen, zeitlichen oder sachlichen Umfang eines Betriebes.

II Keiner Erlaubnis bedürfen.
1. die in § 27 Abs. 1 GastG. aufgeführten Betriebe,

2. die nicht gewerbsmäßigen Betriebe, insbesondere die ohne Gewinnabsicht geführten Betriebskantinen, mit Ausnahme der Betriebe der Vereine und Gesellschaften (§ 23 Abs. 1 Halbsatz 1 GastG.),
3. der nicht gewerbsmäßige Ausschank von Getränken und der nicht gewerbsmäßige Absatz von Branntwein im kleinen an Angestellte oder Arbeiter von Vereinen und Gesellschaften nach § 23 Abs. 1 Halbsatz 2 GastG.,
4. die Abgabe von Branntwein als Arzneimittel in Apotheken und Drogengeschäften,
5. der Ausschank von Milch nach § 9 GastG.,
6. der Ausschank selbsterzeugter Getränke im Rahmen des § 28 GastG.

§ 2.

Fremdenheime.

Gegenüber Fremdenheimen ist sorgfältig zu prüfen, ob nicht ein nach § 1 GastG. erlaubnispflichtiger Gast- oder Schankwirtschaftsbetrieb ausgeübt wird.

§ 3.

Branntwein.

Unter Branntwein im Sinne des GastG. sind zu verstehen:
alle Arten von Trinkbranntwein, einerlei mit welchen Zusätzen und mit welchem Alkoholgehalt sie zubereitet sind (z. B. Weinbrand, Schnaps, Likör, Rum), sowie der unverarbeitete Branntwein (reiner Spiritus jeden Hundertgehalts);
nicht dagegen:
der vergällte Branntwein (§ 27 Abs. 1 Ziff. 4 GastG.), branntweinhaltige Genußmittel (s. aber § 16 Abs. 1 Ziff. 1, 4 und 6 GastG.), branntweinhaltige Arzneimittel (§ 6 Abs. 1 GewO. mit § 35 GastG.), sowie die sonstigen verarbeiteten Branntwein enthaltenden Zubereitungen (z. B. Parfüme).

§ 4.

Kleinhandel mit Branntwein.

I Für den Begriff Kleinhandel mit Branntwein ist § 9 der Reichsverordnung zur Ausführung des Gaststättengesetzes vom 21. Juni 1930 (RGBl. I S. 191) maßgebend.

II Wer bis zum Inkrafttreten des GastG. (1. Juli 1930) auf Grund des § 1·2 Abs. III der Verordnung vom 29. März 1892, den Vollzug der Reichsgewerbeordnung betreffend, in der Fassung der Verordnung vom 23. Februar 1926 (GVBl. S. 225) Branntwein oder Likör in festverschlossenen, verkapselten und vorschriftsmäßig gekennzeichneten Flaschen von mindestens drei Achtel Liter Inhalt oder offen in Mengen von zwei Litern und mehr ohne Erlaubnis verkauft hat, darf für seine Person diesen Verkauf in der bisherigen Art und in den bisherigen Räumen auch nach dem Inkrafttreten des GastG. ohne Erlaubnis weiterbetreiben, vergl. GewO. § 1 Abs. 2; diese Befugnis steht im Rahmen des § 46 GewO. auch der Witwe und den minderjährigen Erben zu.

§ 5.

Voraussetzungen der Erlaubniserteilung.

I Die Erlaubnis darf nur erteilt werden,

1. wenn und soweit ein Bedürfnis für den beabsichtigten Betrieb nachgewiesen ist — siehe dazu §§ 1 und 7 der Reichsverordnung vom 21. Juni 1930 zur Ausführung des GastG. (RGBl. I S. 191) —,
2. wenn kein Versagungsgrund nach § 2 Abs. 1 GastG. vorliegt.

II Auf andere Gründe kann die Versagung der Erlaubnis nicht gestützt werden. Die Erlaubnisbehörde kann jedoch die Behandlung und Bescheidung eines Antrages ablehnen, solange der Antragsteller nicht nachweist, daß er berechtigt ist, über die für den Betrieb bestimmten Räume zu verfügen.

§ 6.

Bedürfnisprüfung im allgemeinen.

Zu § 1 Abs. 2 und 3.

Für die Würdigung der Bedürfnisfrage gelten die Grundsätze der Reichsverordnung vom 21. Juni 1930 zur Ausführung des GastG. (RGBl. I S. 191)[1]) und der VB. z. GastG. vom 12. September 1931 (GVBl. S. 251)[2]). Die Verordnungen sind Rechtsverordnungen, ihre Vorschriften sind daher für die entscheidenden Behörden bindend.

[1]) Abgedruckt S. 112. [2]) Abgedruckt S. 73.

§ 7.

Bedürfnisprüfung.

I Bei der Bedürfnisprüfung für Gast- und Schankwirtschaften ist stets sorgfältig zu untersuchen, ob das Bedürfnis für die beabsichtigte Betriebsart, für alle beantragten Getränke, für sämtliche Betriebsräume, für den ganzen im Antrag bezeichneten Kreis der zutrittsberechtigten Personen, sowie unbeschränkt für den beantragten zeitlichen Umfang des Betriebs vorhanden ist.

II Die strenge Bedürfnisprüfung nach § 5 Ziff. 2 der Reichsverordnung hat namentlich auch stattzufinden, wenn eine Bierkleinhandlung, eine Ausschankstelle für nichtgeistige Getränke, eine nach § 28 GastG. nicht erlaubnispflichtige Schankstelle, eine Speisewirtschaft, ein erlaubnisfreies Fremdenheim in einen erlaubnispflichtigen Wirtschaftsbetrieb mit Ausschank geistiger Getränke, in eine Gastwirtschaft usw. umgewandelt werden soll.

III Die Bestimmung des § 5 der Reichsverordnung will eine vernünftige unterschiedliche Handhabung der Bedürfnisprüfung sicherstellen, je nachdem es sich um die Erlaubnis zum Branntweinausschank in Bars, Likörstuben oder ähnlichen Betrieben, um die Errichtung neuer oder die Ausdehnung bestehender Betriebe oder endlich um die Fortführung eines bestehenden Betriebes im bisherigen Umfang handelt. Nach § 5 Ziff. 3 der Verordnung soll das Bestreben nach einem vorsichtigen Abbau der Zahl der bestehenden Betriebe nicht dazu führen, daß ein ordnungsmäßig geführter Betrieb nur deshalb künftig wegfällt, weil die Erlaubnis, auf Grund deren er bisher ausgeübt wurde, aus irgendeinem Grunde erledigt ist.

IV Wird ein Grundstück veräußert, auf dem ein erlaubnispflichtiger Betrieb ausgeübt wird, so wird das Notariat die Beteiligten darauf aufmerksam machen, daß der Erwerber zur Übernahme des Betriebs der Erlaubnis bedarf und daß die Erteilung der Erlaubnis in jedem einzelnen Falle in Frage gestellt ist. In gleichem Sinne haben veranlaßtenfalls die Bezirksverwaltungs- und die Gemeindebehörde die Beteiligten zu belehren.

§ 8.

Zuverlässigkeit des Antragstellers.

Zu § 2.

I Die nach § 2 Abs. 1 Ziff. 1 und 2 an die persönliche Zuverlässigkeit des Antragstellers zu stellenden Anforderungen sind auf das strengste einzuhalten.

II Die Leumundsverhältnisse des Antragstellers und sonstiger für die Wirtschaftsführung in Betracht kommender Personen (des Ehegatten, Familienangehöriger u. a.) sind zu prüfen. Sind die Leumundsverhältnisse nicht sonst genau bekannt, so sind Auszüge aus dem Strafregister zu erholen. Bei Minderjährigen ist festzustellen, ob die Ermächtigung des gesetzlichen Vertreters und die Genehmigung des Vormundschaftsgerichtes zum Geschäftsbetrieb vorliegt (§ 112 BGB.).

III Unzuverlässigkeit wird auch dann anzunehmen sein, wenn ein Unternehmer fortgesetzt an Gäste in gewissenloser Weise geistige Getränke, namentlich Branntwein, auf Kredit verabfolgt oder wenn er sich wiederholt gegen die Vorschriften des § 16 GastG. verfehlt hat.

IV Unzuverlässigkeit wird ferner im allgemeinen angenommen werden können, wenn bei Pachtung eines erlaubnispflichtigen Betriebs die Pachtsumme im Verhältnis zur Leistungsfähigkeit des Pächters und zur Ertragsfähigkeit des Betriebs derart hoch festgesetzt ist, daß dadurch die ordnungsmäßige Betriebsführung gefährdet ist.

V In Verstößen gegen Bestimmungen über die Beschäftigung von Arbeitern und Angestellten werden nicht ohne weiteres Tatsachen im Sinne des § 2 Abs. 1 Ziff. 2 GastG. zu finden sein, sofern die Verstöße auf die Eigenart der Verhältnisse des Wirtschaftsgewerbes zurückzuführen sind (z. B. beim plötzlichen Anschwellen der Zahl der Gäste und der dadurch bedingten Mehrarbeit der Angestellten).

§ 9.

Betriebsräume, Arbeitnehmerräume.

I Zu den Betriebsräumen zählen sämtliche dem Gewerbebetrieb dienenden Räumlichkeiten, und zwar nicht nur die eigentlichen Fremdenbeherbergungs- und Getränkeschank- oder Verkaufsräume (Fremdenzimmer, Wirtschaftszimmer und -Nebenzimmer, Säle, Dielen, Wirtschaftsgärten, Kegelbahnen und dergl.), sondern auch die Nebenräume (Schenke, Küche, Speisevorratsräume, Keller, Aborte, Flure, Treppen, Zufahrten und Zugänge, Wirtschaftsstallungen, Einstellräume für Fuhrwerke und Kraftfahrzeuge).

II Zu den Arbeitnehmerräumen zählen alle Räumlichkeiten, die regelmäßig dem Aufenthalt der Angestellten und Arbeiter des Gewerbebetriebs bei Tag oder Nacht dienen (insbesondere die Schlafräume, die Umkleide- und Waschräume).

§ 10.

Eignung der Räume.

I Bei der Beurteilung der Eignung der Betriebs- und Arbeitnehmerräume nach Lage und Beschaffenheit sind insbesondere die jeweils geltenden bau-, feuer-, verkehrs-, wohnungs- und gesundheitspolizeilichen, sowie die zum Schutz der Arbeitnehmer getroffenen Vorschriften, ferner die allgemeinen Rücksichten auf Ordnung und Sicherheit, Anstand und Sitte in Betracht zu ziehen.

II Im einzelnen sind folgende Hinweise als Richtlinien zu betrachten.

1. Die Erlaubnis darf nicht erteilt werden, wenn berechtigte Bedenken bestehen wegen der Nähe von Kirchen, Unterrichts- oder Krankenanstalten und dergl. oder weil das zum Betrieb bestimmte Anwesen abgelegen oder nicht jederzeit leicht zugänglich ist.
2. Die Betriebsräume sollen zweckmäßige Zugänge haben, genügend groß, hoch, hell, entsprechend eingerichtet, sowie mit Vorrichtungen für ausreichende Lüftung versehen sein. Die Gasträume müssen von den Wohn- und Schlafräumen der Wirtsfamilie und der Angestellten gehörig abgesondert und soweit erforderlich, heizbar sein.
3. Gastwirtschaften sollen mindestens 2 heizbare Fremdenzimmer, ferner, soweit erforderlich, Stallungen sowie den einschlägigen Vorschriften genügende Ein-

stellräume für Kraftfahrzeuge haben. Die auch nur vorübergehende Hinterstellung von Kraftfahrzeugen in Scheunen und Durchfahrten ist nicht zu gestatten.

4. Die Aborte sollen möglichst in unmittelbarem Zusammenhang mit den Gasträumen angelegt sein. In der Regel müssen vorhanden sein: ein Pissort, ferner Sitzaborte, getrennt für Männer und Frauen. Außerdem soll getrennt von den Aborten für Gäste ein besonderer Abort für die Wirtsfamilie und die Angestellten vorhanden sein. Soweit in Gastwirtschaften Fremdenzimmer in den oberen Geschoßen sich befinden, sollen auch hier entsprechende Sitzaborte eingerichtet sein. Die Abortanlagen sollen möglichst von der Straße abgerückt sein. Die Aborte sollen genügend groß, hell, lüft- und beleuchtbar sein. Pissorte sind möglichst mit undurchlässiger Pißwand und undurchlässigem Fußboden mit eingebauter Pißrinne oder mit Pißschüsseln aus Steingut einzurichten. Wo Wasserleitung vorhanden, soll nach den örtlichen Verhältnissen Wasserspülung eingerichtet und ein Handwaschbecken angebracht werden. Die Anbringung von Pißrinnen an der Wand aus Holz oder Blech ist möglichst zu vermeiden. Auf die Reinhaltung, Instandhaltung und Entlüftung der Aborte ist strengstens zu achten.

5. Der Mangel genügenden und einwandfreien Trink- und Nutzwassers wird regelmäßig der Erteilung einer Wirtschaftserlaubnis entgegenstehen. Wo Wasserleitung und Kanalisation vorhanden, ist Anschluß daran bei Erteilung der Wirtschaftserlaubnis anzuordnen.

6. Wo elektrischer Strom zur Verfügung steht, ist möglichst auf Einrichtung einer ausreichenden elektrischen Beleuchtung der Betriebsräume zu bestehen.

7. Bezüglich der Einrichtung größerer Versammlungsräume sind die Ministerial-Entschließungen vom 20. Dezember 1881 und 10. Mai 1897 (MABl. S. 503 und 145) zu beachten; wegen Ausschmückung von Versammlungsräumen vergl. Ministerialentschließung vom 13. September 1928 Nr. 3743 a 27 (StAnz. Nr. 213).

8. Bei Gesuchen um Erteilung einer Wirtschaftserlaubnis ist in der Regel, sofern es sich nicht um Weiterführung eines bestehenden Betriebes handelt, die Vorlegung von maßstäblichen Bau- und Lageplänen anzuordnen, aus denen die für den Betrieb belangvollen Verhältnisse genau ersehen werden können.

9. Sind in Bauplänen, die zur baupolizeilichen Genehmigung eingereicht werden, Räume zum Betrieb eines erlaubnispflichtigen Gewerbes vorgesehen, so ist dem Bauherrn in der Regel vor Eintritt in die baupolizeiliche Gesuchsbehandlung gegen Unterschrift zu eröffnen, daß mit der Bauplangenehmigung die Erlaubnis zum Gewerbebetrieb nicht verbunden ist, ein Antrag in dieser Richtung vielmehr besonders beschieden und unter Umständen abgewiesen wird. Nur wenn voraussichtlich die Betriebserlaubnis erteilt werden wird, soll bei der Bescheidung des Baugesuchs die Behebung von Mängeln in gewerbepolizeilicher Hinsicht angeordnet werden; allenfalls ist auch auf das Beschwerderecht der in § 19 Abs. 2 GastG. bezeichneten Stellen hinzuweisen.

10. Die Betriebs- und Arbeitnehmerräume sind vor der Erteilung der Erlaubnis durch den Bezirksbaumeister oder einen Beamten der Bezirksverwaltungsbehörde, in besonderen Fällen durch den Gewerbeaufsichtsbeamten zu besichtigen.

III Den Kreisregierungen und Bezirksverwaltungsbehörden bleibt anheimgestellt, soweit dies noch nicht geschehen ist, für die Beurteilung der Raumfrage allgemeine Richtlinien (Gast- und Schankraumordnung) zu erlassen und nach Maßgabe der Verkehrsverhältnisse höhere Anforderungen, insbesondere für Gastwirtschaften (Hotels), zu stellen. Starre Vorschriften sind zu vermeiden, vielmehr ist für gebührende Berücksichtigung der jeweiligen besonderen Verhältnisse, auch durch Zulassung von Befreiungen, genügend Spielraum zu lassen. Insbesondere ist darauf zu achten, daß nicht bei Durchführung der Richtlinien unnötig in den Bestand baukünstlerisch oder kulturgeschichtlich wertvoller Fassaden und Innenräume eingegriffen wird.

IV Hinsichtlich der Arbeitnehmerräume ist insbesondere auf folgende Gesichtspunkte zu achten:

1. Die Arbeitnehmerräume müssen den Bestimmungen der Wohnungsaufsichtsverordnung vom 10. Februar 1901 (GVBl. S. 73) und den nach § 16 der Verordnung erlassenen ober- und ortspolizeilichen Vorschriften genügen; sie müssen entsprechende Größe und zureichenden Luftraum besitzen sowie Raum für die nötigen Sitzgelegenheiten bieten; sie müssen einen bequemen und sicheren Zugang, und zwar Schlafräume unmittelbar vom Flure aus, haben.
2. Schlafräume sollen nicht in Untergeschossen oder in unmittelbarer Nähe der Schankräume liegen. Sie müssen mit dichtschließenden, von innen und außen verschließbaren Türen versehen sein. Die Zahl der Schlafräume muß so bemessen sein, daß eine getrennte Unterbringung der Arbeitnehmer nach Geschlechtern möglich ist. Die Schlafräume müssen den Arbeitnehmern Raum zum Umkleiden und Waschen geben; in ihrer Nähe sollen sich womöglich Wasserzapfstellen und zureichende, saubere Aborte befinden.
3. Für nicht im Hause wohnende Arbeitnehmer sollen in größeren Betrieben angemessene Aufenthaltsräume mit Platz zum Waschen und Umkleiden vorhanden sein.
4. In der Nähe der Schankräume sollen Handwaschvorrichtungen für die Arbeitnehmer angebracht sein.
5. Auch in Betriebsräumen muß Raum für die nötigen Sitzgelegenheiten der Arbeitnehmer vorhanden sein.

V Die Versagung der Erlaubnis zum Gewerbebetrieb soll nur auf erhebliche Mängel der Betriebs- und Arbeitnehmerräume gestützt werden, deren Beseitigung durch Anordnung von aufschiebenden Bedingungen oder von Auflagen (§ 11 Abs. 1 GastG.) nicht zu erreichen ist.

§ 11.

Zu § 3. **Erlaubniserteilung.**

I Die Erlaubnis nach § 1 GastG. darf nur mit Beschränkung auf denjenigen räumlichen, zeitlichen und sachlichen Umfang erteilt werden, für den das Bedürfnis anerkannt ist.

II Die Betriebsräume, insbesondere die Schankräume, sind bei der Erlaubniserteilung, in der Regel durch Bezugnahme auf den vorgelegten Bauplan genau zu bezeichnen. Die Bezeichnung der Betriebsart soll die hervortretende Natur des Betriebes erkennen lassen (z. B. Bier-, Wein-, Kaffeewirtschaft, Tee-, Likörstube, Bar, Gartenwirtschaft, Sommerkeller, Kaffeewirtschaft mit Weinzimmer, Erfrischungsraum, Hotel, Gastwirtschaft usw.).

III Von der Befugnis nach § 3 Abs. 2 Satz 2 GastG. ist im allgemeinen Gebrauch zu machen, es sei denn, daß es sich um eine mit einer Trinkbranntweinfabrik oder deren Lagerräumen örtlich verbundene Branntweinverkaufsstelle handelt.

IV Die Erteilung der Erlaubnis zum Betrieb einer Gast- oder Schankwirtschaft unterliegt nach Tarif-Nr. 19 Abs. V des Stempelgesetzes vom 16. Februar 1921 (GSBl. S. 182) einer Stempelabgabe, desgleichen die Erteilung der Erlaubnis zum Betrieb des Kleinhandels mit Branntwein nach Abs. VI a. a. O. Zu der Stempelabgabe nach Tarif-Nr. 19 Abs. V und VI des Stempelgesetzes ist auf Grund des Gesetzes vom 24. Juni 1930 (GSBl. S. 203) ein Zuschlag von 20 vom Hundert zu erheben.

§ 12.

Fristverlängerung.

Zu § 4.

Von der in § 4 Abs. 1 und 2 GastG. gewährten Befugnis ist nur in Ausnahmefällen Gebrauch zu machen, wenn ohne Verlängerung eine besondere wirtschaftliche Härte eintreten würde.

§ 13.

Stellvertretungserlaubnis.

Zu § 6.

I Als Stellvertreter im Sinne des Gesetzes ist eine Person anzusehen, die auf Grund vertraglicher oder gesetzlicher Vertretungsmacht den Betrieb im Namen und für Rechnung des Inhabers, im übrigen aber unter eigener Verantwortung selbständig führt. Nicht als Stellvertreter ist demnach anzusehen der Geschäftsführer, der das Unternehmen oder eine Abteilung unter Aufsicht und Leitung des Inhabers verwaltet, ebenso nicht der Pächter, der das Gewerbe auf eigene Rechnung und in eigenem Namen ausübt.

II Hinsichtlich der Anforderungen, die an die persönliche Zuverlässigkeit des Stellvertreters zu richten sind, gelten die Vorschriften des § 8 entsprechend.

III Voraussetzung für die Erteilung der Stellvertretungserlaubnis ist stets das Vorliegen einer Betriebserlaubnis (§ 1 GastG.). Um die Erteilung der Stellvertretungserlaubnis hat nicht der Stellvertreter, sondern der Inhaber der Betriebserlaubnis nachzusuchen; in den Fällen des § 6 Abs. 3 Ziff. 2 treten an Stelle des Inhabers seine Witwe oder seine Erben.

IV Die Erteilung der Stellvertretungserlaubnis unterliegt nicht der Stempelabgabe nach Tarif-Nr. 19 Abs. V des Stempelgesetzes.

§ 14.

Widerrufliche Zulassung.

Zu § 7.

I Die widerrufliche Zulassung zur Ausübung des Gewerbes nach § 7 GastG. (Vorerlaubnis) ist im allgemeinen zu erteilen, wenn das Bedürfnis für die Fortführung des Betriebs voraussichtlich anzuerkennen ist und Bedenken gegen die persönliche Zuverlässigkeit des Antragstellers im Sinne des § 2 Abs. 1 Ziff. 1 und 2 GastG. nicht bestehen. Die Zulassung ist stets für einen bestimmten Zeitraum mit der Maßgabe zu erteilen, daß sie außer Wirkung tritt, sobald über den Antrag im Erlaubnisverfahren rechtskräftig entschieden ist.

II Dies gilt entsprechend für die vorläufige Zulassung eines Stellvertreters.

III Bei Neuerrichtung wie bei Ausdehnung eines erlaubnispflichtigen Betriebes kann eine widerrufliche Zulassung nach § 7 Abs. I GastG. nicht erfolgen.

§ 15.

Vorübergehender Betrieb einer Gast- oder Schankwirtschaft.

Zu § 8.

I Ein vorübergehendes Bedürfnis zum Betrieb einer Gast- oder Schankwirtschaft liegt nur vor, wenn die Dauer des Bedürfnisses von vornherein als kurzfristig feststeht; andernfalls ist die Erlaubnispflicht nach § 1 GastG. gegeben (so in der Regel bei erlaubnispflichtigen Baukantinen).

II Ein vorübergehendes Bedürfnis zum Betrieb einer Gastwirtschaft liegt vor, wenn infolge eines außergewöhnlichen Zustromes von Fremden (z. B. bei Tagungen, Ausstellungen oder Festveranstaltungen) die vorhandenen Gastwirtschaften zur Beherbergung der Fremden nicht ausreichen.

III Ein vorübergehendes Bedürfnis für den Betrieb einer Schankwirtschaft kann bei Volksbelustigungen unter freiem Himmel oder ähnlichen Veranstaltungen (z. B. öffentlichen oder Vereinsfeiern, Sportfesten, Umzügen oder sonstigen größeren Menschenansammlungen) anerkannt werden.

IV Im einzelnen gilt folgendes:

1. Ob ein Bedürfnis vorliegt, ist stets, auch wenn nur Ausschank nichtgeistiger Getränke — mit Ausnahme von Milch (§ 9 Abs. 2 GastG.) — in Frage kommt, nach strengen Grundsätzen in entsprechender Anwendung der §§ 2, 3 und 4 Abs. 1 der Reichsverordnung zu prüfen. Das Bedürfnis ist regelmäßig zu verneinen, wenn eine zureichende Bewirtung oder Unterkunft der Besucher der Veranstaltung in nahegelegenen Gast- und Schankwirtschaften möglich ist und den Besuchern nach den Umständen zugemutet werden kann.
2. Ein vorübergehendes Bedürfnis für den Ausschank von Branntwein darf in der Regel nicht anerkannt werden.
3. Bei Schul- und Jugendfesten, sowie bei Sportfesten, an denen überwiegend Jugendliche beteiligt sind, darf

ein vorübergehendes Bedürfnis für den Ausschank geistiger Getränke nicht anerkannt werden.

4. Ist ein vorübergehendes Bedürfnis nachgewiesen, so darf die Erlaubnis nur erteilt werden, wenn gegen die Person des Antragstellers und gegen die Wirtschaftsräumlichkeiten keine polizeilichen Bedenken bestehen.
5. Ortsansässige Inhaber einer Wirtschaftserlaubnis oder ihre Stellvertreter sind in der Regel vor anderen zu berücksichtigen.
6. Bei der Gestattung sind die Betriebsdauer und die Betriebszeit an den einzelnen Tagen dem Bedürfnis entsprechend festzusetzen; die zugelassenen Räume und Getränke und die Betriebsart sind genau zu bezeichnen; ferner sind die erforderlichen Auflagen zum Schutze der Gäste, der Angestellten und der Nachbarschaft anzuordnen.

V Durch § 8 GastG. werden die Befugnisse der Ortspolizeibehörde nicht berührt, das Feilbieten geistiger Getränke im Wege des ambulanten Gewerbebetriebs nach § 42 a Abs. 2 GewO. und im Weg des Gewerbebetriebs im Umherziehen nach § 56 Abs. 2 Ziff. 1 GewO. im Fall besonderen Bedürfnisses vorübergehend zu gestatten, ferner den Verkauf geistiger Getränke zum Genuß auf der Stelle auf Jahrmärkten nach § 67 Abs. 2 GewO. zu genehmigen; für diese Fälle gelten die Vorschriften in Abs. I, III und IV entsprechend.

VI Für die Gestattung einer vorübergehenden Gast- oder Schankwirtschaft nach § 8 GastG. ist ebenso wie für die ortspolizeiliche Gestattung des Feilbietens geistiger Getränke nach §§ 42 a Abs. 3, 56 Abs. 2 Ziff. 1 und 67 Abs. 2 GewO. nach Tarif-Nr. 19 Abs. VII des Stempelgesetzes vom 16. Februar 1921 (GVBl. S. 182) eine Stempelabgabe von 10 bis 500 *RM* zu erheben; hiezu kommt noch ein Zuschlag von 20 v. H. nach dem Gesetz vom 24. Juni 1930 (GVBl. S. 203).

§ 16.

Zu § 9.

Milchausschank.

I Unter Milchverkaufsstellen sind auch Milchstuben,

Milchwagen und Milchstände, die dem Verkauf, also nicht ausschließlich dem Ausschank von Milch zum sofortigen Genuß dienen, zu verstehen. Milch im Sinne dieser Bestimmung sind außer Frischmilch jeder Tiergattung auch Zubereitungen aus reiner Milch (z. B. gekochte Milch, Sauermilch, Kephir, Joghurt).

II Der Ausschank von Milch bei außergewöhnlichen Gelegenheiten (§ 9 Abs. 2 GastG.) ist an die Ladenverkaufszeit nicht gebunden.

§ 17.

Auflagen.

Zu § 11.

I Bei Erteilung der Erlaubnis zum Betrieb einer neuzuerrichtenden Gast- oder Schankwirtschaft, wie zur Ausdehnung einer schon bestehenden Gast- oder Schankwirtschaft sind stets die erforderlichen Auflagen anzuordnen. In den sonstigen Fällen der Erlaubniserteilung soll bei Anordnung der gebotenen Auflagen auf die Leistungsfähigkeit des Eigentümers des Wirtschaftsanwesens und des Betriebsinhabers soweit tunlich Rücksicht genommen werden. Nach Erteilung der Erlaubnis sollen Auflagen nur in dringenden Fällen gemacht werden.

II In wichtigen Fällen ist der Gewerbeaufsichtsbeamte zu hören. Er ist neben der Ortspolizeibehörde befugt, als Polizeibehörde im Sinne dieser Bestimmung die Anordnung von Auflagen zu beantragen.

III Ein Verstoß gegen die Bestimmung des § 11 Abs. 2 GastG. ist nicht anzunehmen, wenn die Vorräte an nichtgeistigen Getränken durch einen unerwartet starken Absatz erschöpft sind und der Betriebsinhaber deshalb vorübergehend nicht in der Lage ist, solche Getränke auszuschenken.

II. Verlust der Gewerbebefugnis.

§ 18.

Zurücknahme der Erlaubnis.

Zu § 12.

Das Verfahren zur Zurücknahme der Erlaubnis ist von der Erlaubnisbehörde grundsätzlich von Amts wegen einzuleiten. Das Jugendamt wie die Ortspolizeibehörde ist befugt, die Zurücknahme der Erlaubnis anzuregen; die Ortspolizeibehörde ist hierzu verpflichtet, wenn ihr Tatsachen bekannt werden, die die Zurücknahme der Erlaubnis rechtfertigen können.

§ 19.

Untersagung des Gewerbebetriebs.

Zu § 13.

I Für die Abgrenzung des Begriffes Kleinhandel mit Bier oder Wein im Sinne des § 13 GastG. gilt § 10 der Reichsverordnung vom 21. Juni 1930.[1]) Die ortsübliche Abgabe von Bier oder Wein über die Straße durch Inhaber einer Wirtschaft (sog. Gassenschank) ist nicht Kleinhandel im Sinne dieser Bestimmung.

II Von der Befugnis der Untersagung der in § 13 GastG. genannten Gewerbe, insbesondere des Kleinhandels mit Bier (Flaschenbierhandel), ist regelmäßig Gebrauch zu machen, es sei denn, daß das erlaubnispflichtige Gewerbe weder von dem Inhaber selbst noch mit seinem Vorwissen ausgeübt wurde (vergl. Gewerbeordnung § 151). Die Wiederaufnahme des Gewerbebetriebs unmittelbar nach Ablauf eines Jahres ist nur zu gestatten, wenn Gewähr gegeben ist, daß das Gewerbe künftig ordnungsmäßig betrieben wird.

III Wegen der bayerischen Sonderregelung des Kleinhandels mit Bier s. Bierkleinhandelsgesetz vom 27. August 1931 (GVBl. S. 223), Vollzugsverordnung vom 12. September 1931 (GVBl. S. 255) und Vollzugsbekanntmachung vom 15. September 1931 (GVBl. S. 270).

III. Umfang der Gewerbebefugnis.

§ 20.

Polizeistunde.

Zu § 14.

Wegen der Regelung der Polizeistunde wird auf die Verordnung des Staatsministeriums des Innern über die Polizeistunde vom 26. Juni 1930 (GVBl. S. 197) und die Vollzugsbekanntmachung vom 26. Juni 1930 (GVBl. S. 198) verwiesen.[2])

[1]) Siehe S. 112. [2]) Siehe S. 116, 118.

§ 21.

Abgabeverbote.

Zu § 16.

Die Einhaltung der zum Schutze der Jugendlichen getroffenen Bestimmungen des § 16 GastG. ist mit besonderem Nachdruck zu überwachen.

§ 22.

Beschäftigung von Angestellten und weiblichen Arbeitnehmern.

Zu § 17.

I Von der Möglichkeit, die Beschäftigung einer Person bei der Leitung oder Beaufsichtigung eines Erlaubnisbetriebs zu untersagen, ist in der Regel Gebrauch zu machen.

II Hinsichtlich der Beschäftigung von weiblichen Arbeitnehmern in Gast- oder Schankwirtschaften gelten die Bestimmungen der §§ 6—17 der Vollzugsverordnung vom 12. September 1931.

III Im übrigen wird auf die einschlägigen Bestimmungen der Reichskanzlerbekanntmachung vom 23. Januar 1902 betreffend die Beschäftigung von Gehilfen und Lehrlingen in Gast- und Schankwirtschaften (RGBl. S. 33)[1]) und des Kinderschutzgesetzes vom 20. März 1903 (RGBl. S. 113)[2]) wie die Bestimmungen der Verordnung über die Arbeitszeit in der Fassung des Arbeitszeitnotgesetzes vom 14. April 1927 (RGBl. I S. 116) verwiesen.

IV. Verfahren.

§ 23.

Allgemeines.

Zu § 18.

Für die Zuständigkeit und das Verfahren gelten die Bestimmungen der Vollzugsverordnung zum Gaststättengesetz §§ 19—25.

§ 24.

Anträge und Gesuche.

I Anträge und Gesuche sind bei der Gemeindebehörde zu stellen.

---

[1]) Abgedruckt S. 136ff. [2]) Abgedruckt S. 134ff.

II Der Antrag auf Erteilung der Betriebserlaubnis (§ 1 GastG.) soll enthalten:

1. Namen, Stand, Geburtszeit, Geburtsort des Antragstellers und seines Ehegatten, ferner Namen der Eltern, bei Frauen auch den Mädchennamen,
2. die Bezeichnung des Grundstücks, auf dem der Betrieb ausgeübt werden soll, und die Bezeichnung der Betriebsräume,
3. die Bezeichnung der Betriebsart (Gastwirtschaft, Bierwirtschaft usw.) unter Angabe der auszuschenkenden Getränke,
4. die Angabe, ob der Antragsteller den Betrieb als Grundstückseigentümer oder als Pächter führen will — Pachtvertrag ist beizulegen —,
5. die Angabe der Umstände, die ein Bedürfnis für die Ausübung des Gewerbebetriebes rechtfertigen, sofern nicht bei ausschließlichem Ausschank nichtgeistiger Getränke ein solches Bedürfnis vermutet wird (vergl. § 1 der Reichsverordnung, §§ 3 und 4 VV. z. GastG.).

§ 25.

Anhörung von Behörden und Vereinigungen.

Zu § 19.

I Vor Erteilung der Betriebserlaubnis sind die Ortspolizeibehörde (Bürgermeister, in Städten mit staatlicher Polizeiverwaltung die Polizeidirektion oder das Staatspolizeiamt) und die Gemeindebehörde (Gemeinde- oder Stadtrat) zu hören. Die Einvernahme hat sich in der Regel auf die Frage des Bedürfnisses, die Zuverlässigkeit des Antragstellers und die Eignung der Räume (§ 1 Abs. 2 und § 2 GastG.) zu erstrecken.

II Vor Erteilung der Erlaubnis für neuzuerrichtende Betriebe mit Ausschank geistiger Getränke oder für die Ausdehnung bestehender Betriebe auf den Ausschank geistiger Getränke sind ferner das Jugendamt und die für die Gemeinde oder den Bezirk bestehende wirtschaftliche Vereinigung der Arbeitgeber und Arbeitnehmer im Gast- und Schankwirtschaftsgewerbe (Wirteinnung, Angestelltenverband und dergl.) zu hören (§ 19 Abs. 2 GastG., § 25

BV.). Sind in der Gemeinde oder dem Bezirk mehrere solche Vereinigungen vorhanden, so bestimmt die Verwaltungsbehörde die zuständige Vereinigung im Sinne dieser Vorschriften; dabei können die in § 19 Abs. 2 GastG. vorgesehenen Befugnisse auf eine Vereinigung übertragen werden, die aus mehreren vorhandenen Vereinigungen für diesen Zweck gebildet wird. Der Erlaubnisbescheid ist diesen Stellen gegen Nachweis unter Beschwerdebelehrung mitzuteilen.

III Abgesehen hievon kann die Anhörung des Bezirksbaumeisters (s. oben § 10 Abs. II Ziff. 10), des Gewerbeaufsichtsbeamten (s. oben § 17), des Wohlfahrtsamtes, des Fremdenverkehrsvereins oder eines ähnlichen Vereins, sonstiger gemeinnütziger Vereine, sowie der örtlichen oder bezirksweisen Vertretung der Arbeitgeber und Arbeitnehmer im Gast- und Schankwirtschaftsgewerbe oder der übrigen beteiligten Gewerbe in Betracht kommen; die Vertretung der Arbeitgeber und Arbeitnehmer im Gast- und Schankwirtschaftsgewerbe ist in der Regel auch zu hören vor Erteilung der Erlaubnis zum Betrieb einer schon vorhandenen Gastwirtschaft oder schon vorhandenen Schankwirtschaft mit ausschließlichem oder überwiegendem Ausschank geistiger Getränke.

IV Unbeschadet der Anhörung der bezeichneten Stellen hat die zuständige Behörde die Anträge selbständig nach eigenem pflichtgemäßen Ermessen zu entscheiden. Bei Versagung der Erlaubnis ist die Anhörung nach Abs. I—III nicht erforderlich.

§ 26.

Gaststättenverzeichnis, Statistik.

Zu § 21.

I Die Bezirksverwaltungsbehörde hat ein Verzeichnis über die nach § 1 GastG. erteilten Erlaubnisse zu führen. Das Verzeichnis soll für jeden Betrieb Angaben nach dem Muster der Anlage 1 enthalten. Die bisher geführten Verzeichnisse (s. Ministerialentschließung vom 30. Dezember 1909 MABl. 1910 S. 1 § 20 Abs. IV) können fortgeführt werden. Das Gaststättenverzeichnis bildet die Unterlage für die Statistik des Gaststättengewerbes.

II Anheimgegeben wird ein Verzeichnis der nach § 28 GastG. erlaubnisfreien Betriebe, sowie ein Verzeichnis der Inhaber derjenigen Branntweinkleinhandlungen zu führen, die bis zum Inkrafttreten des GastG. den erlaubnisfreien Verkauf von Branntwein oder Likör offen in Mengen von 2 Liter, sowie in Flaschen von mindestens $^{3}/_{8}$ Liter betrieben haben (s. oben § 4).

III Den in § 19 Abs. 2 GastG. bezeichneten Stellen kann Einsicht in das Verzeichnis gewährt werden; auch können ihnen kostenpflichtige Auszüge erteilt werden.

IV Über die Bewegung des Gast- und Schankwirtschaftsgewerbes einschließlich des erlaubnisfreien Ausschankes eigener Erzeugnisse und des Kleinhandels mit Bier und mit Branntwein hat die Bezirksverwaltungsbehörde nach Ablauf eines Kalenderjahres einen Fragebogen nach dem Muster der Anlage 2 auszufüllen und jährlich bis 1. März dem Statistischen Landesamt einzusenden.

§ 27.

Verhinderung eines ungesetzlichen Betriebs.

Zu § 22.

Von der Möglichkeit, die Fortsetzung eines ungesetzlichen Betriebs nach § 22 Abs. 1 GastG. zu verhindern, ist in der Regel Gebrauch zu machen.

V. Anwendungsbereich.

§ 28.

Realgewerbeberechtigungen.

Zu § 24.

I Wird der Antrag auf Erteilung der Betriebserlaubnis auf eine Realgewerbeberechtigung gestützt, so hat der Antragsteller gegebenenfalls den Bestand des Realrechts nachzuweisen. Streitigkeiten über den Bestand sind vom Gericht zu entscheiden; die Verwaltungsbehörde ist nur zur Feststellung des Umfanges eines Realrechts zuständig (vergl. Ministerialentschließung vom 30. Oktober 1835 — Webersche Sammlung Bd. 3 S. 42 —, sowie vom 31. August und 14. September 1854 — Weber Bd. 4 S. 646 —). Die Einleitung eines besonderen Feststellungsverfahrens, unabhängig von einem Erlaubnisantrag ist nicht geboten; vielmehr hat die Verwaltungsbehörde die strittigen Fragen in Verbindung mit der Bescheidung des Antrags als Zwischenpunkte zu behandeln.

II Die Vorschriften des § 24 Abs. 1 GastG. und des § 18 VB. sind genau zu beachten. Die Fristverlängerung gem. § 24 Abs. 1 Satz 2 GastG. ist nur zulässig, wenn die Frist bei Stellung des Verlängerungsgesuchs noch nicht abgelaufen war und das Realrecht noch nicht verjährt ist.

III Die Verzeichnisse (Kataster) der realen Wirtschaftsrechte sind auf dem laufenden zu halten; dabei sind die grundstücksgebundenen (radizierten) und die einfachen (walzenden) Realrechte genau zu unterscheiden.

§ 29.

Nicht unter das GastG. fallende Betriebe.

Zu § 27.

I Für die Anwendung von § 27 Abs. 1 Ziff. 1 und 2 GastG. ist es gleichgültig, ob der Betrieb einer Kantine usw. im Namen und für Rechnung der Heeres- oder Polizeiverwaltung (Eigenbetrieb) oder von einem Pächter auf eigene Rechnung geführt wird. Es genügt, daß der Betrieb mit Genehmigung der zuständigen Militär- oder Polizeidienststelle in deren Bereich errichtet ist und sich auf den Kreis der Wehrmacht- oder Polizeiangehörigen beschränkt; dabei soll nicht ausgeschlossen sein, daß Getränke und Speisen gelegentlich auch an Gäste von Wehrmachts- oder Polizeiangehörigen verabfolgt werden.

II Bestimmungen nach § 27 Abs. 2 GastG. wurden mit Verordnung des Reichswirtschafts- und des Reichsverkehrsministers vom 1. Juli 1930 (RGBl. I S. 201) getroffen.

III Ob nur die von der Eisenbahnverwaltung selbst durch Angestellte oder auch die von Pächtern betriebenen Bahnhofwirtschaften den Bestimmungen der GewO. nicht unterliegen, ist in der Rechtsprechung streitig. Zur Klärung dieser Zweifel ist eine Vereinbarung zwischen dem Reichsrat und der Reichsbahngesellschaft getroffen. Hiewegen wird auf die Ministerialbekanntmachung vom 15. Juli

1927 Nr. 22 b 3, betreffend Bahnhofsverkaufsstellen (St.-Anz. Nr. 173)[1]) verwiesen.

§ 30.

Erlaubnisfreier Ausschank.

Zu § 28.

I In der Pfalz ist der Ausschank eigener Erzeugnisse ohne Erlaubnis insoweit gestattet, als dies schon früher vor der Einführung der Gewerbeordnung der Fall war. Im rechtsrheinischen Bayern ist der Ausschank des eigenen Erzeugnisses den Brauern in einem hiefür bezeichneten Lokal und auf ihren Lagerkellern, desgleichen nach Maßgabe des örtlichen Herkommens und der ortspolizeilichen Vorschriften den schenkberechtigten Kommunbräuern und Weinbauern gestattet (Art. 9 Buchst. b Ziff. 1 des Gesetzes vom 30. Januar 1868 das Gewerbswesen betr. — GBl. 1866/69 S. 309[2])).

II Bestand und Umfang dieser Schankbefugnisse sind jeweils genau zu prüfen, besonders wenn — im rechtsrheinischen Bayern — Bierausschank auf einem Lagerkeller in Frage steht (vergl. Urteil des Obersten Landesgerichts vom 28. Juni 1909, MABl. S. 633). Mißbräuchen im Ausschank, namentlich unbefugtem Ausschank nicht selbsterzeugter Getränke, ist mit aller Strenge, allenfalls durch Schließung des Schankbetriebs zu begegnen. Im rechtsrheinischen Bayern ist auf Erlassung ortspolizeilicher Vorschriften zur Regelung der Ausschankbefugnisse der Kommunbräuer und Weinbauern nachdrücklichst hinzuwirken.

III Die Ausübung des erlaubnisfreien Schankrechts unterliegt den gleichen Beschränkungen wie die Ausübung des erlaubnispflichtigen Wirtsgewerbes (für das rechtsrheinische Bayern s. Art. 9 Buchst. b Ziff. 1 Abs. II des Gewerbegesetzes vom 30. Januar 1868). Insbesondere finden die Bestimmungen des Gaststättengesetzes über Stellvertretungserlaubnis, Auflagen, Polizeistunde, Abgabeverbote, Beschränkung in der Beschäftigung von Betriebsleitern und Aufsichtspersonen, wie von weiblichen Arbeitnehmern (§§ 6, 11, 16, 17, 23 Abs. 2 GastG.) Anwendung. Ferner sind grundsätzlich bezüglich der Beschaffenheit der Betriebs- und Arbeitnehmerräume die glei-

[1]) Abgedruckt S. 121. [2]) S. GastG. § 28 Anm. 1.

chen Anforderungen zu stellen (s. oben § 10); die gebotenen Auflagen sind nach § 11 GastG. anzuordnen; wird der Ausschank nicht ganzjährig ausgeübt, so sind hiebei Härten tunlichst zu vermeiden.

IV Wegen Bekämpfung der Auswüchse beim Ausschank von Kommunbräuern wird auf die Ministerialbekanntmachung vom 14. November 1912 (MABl. S. 120) verwiesen.

VI. Schlußvorschriften.

§ 31.

Aufgehoben werden:

1. die Ministerialentschließung vom 30. Dezember 1909, Wirtschaftsgewerbe betreffend, (MABl. 1910 S. 1),
2. Ziff. III der Ministerialentschließung vom 30. Dezember 1908, Gewerbezählung betreffend, (MABl. 1909 S. 5).

München, den 15. September 1931.

J. V. Dr. Bleyer.

2. Zum Bierkleinhandelsgesetz.

a) Verordnung zum Vollzug des Gesetzes über den Kleinhandel mit Bier (VV. z. BierklhG.).

Vom 12. September 1931 (GVBl. S. 255).

Staatsministerium des Äußern.

Auf Grund des Art. 1 des Gesetzes über den Kleinhandel mit Bier vom 27. August 1931 (GVBl. S. 223) in Verbindung mit §§ 1, 13 und 18 des Gaststättengesetzes wird bestimmt:

I. Abgrenzung des Kleinhandels mit Bier.

§ 1.

I Als Kleinhandel mit Bier gilt jede gewerbsmäßige und in den Fällen des entsprechend anzuwendenden § 23

Abs. 1 GastG. auch die nicht gewerbsmäßige Abgabe von Bier unmittelbar an Verbraucher. Verbraucher im Sinne dieser Vorschrift ist, wer Bier zum persönlichen Genuß oder zur Verwendung im eigenen Haushalt bezieht.

II Als Kleinhandel mit Bier gilt nicht die Abgabe von Bier eigenen Erzeugnisses durch Brauer oder Kommunbrauer, sofern die Abgabe unmittelbar an Verbraucher von der Braustätte aus erfolgt.

II. Grundsätze für die Prüfung des Bedürfnisses.

§ 2.

Bei Anträgen auf Erteilung der Erlaubnis zum Kleinhandel mit Bier ist vorbehaltlich der Bestimmung in § 6 das Bedürfnis nach strengen Grundsätzen zu prüfen. Die persönlichen Belange des Antragstellers oder anderer Personen sind bei der Prüfung nicht zu berücksichtigen. Das Bedürfnis muß im Zeitpunkt der Erteilung der Erlaubnis gegeben und darf nicht nur vorübergehend sein. Führt die Prüfung der maßgebenden Umstände nicht überzeugend zur Bejahung des Bedürfnisses, so muß es verneint werden.

§ 3.

I Die Prüfung ist insbesondere auf folgende Umstände zu richten: Art und örtliche Lage der Vertriebsstätte, für die die Erlaubnis beantragt wird; Zahl, Art, örtliche Lage und Entfernung der schon vorhandenen Bierkleinhandlungen und der schon vorhandenen Gast- oder Schankwirtschaften, die Bier über die Straße abgeben; soziale Schichtung, Lebensgewohnheiten und Dichtigkeit der Bevölkerung.

II Eine Bestimmung des Bedürfnisses nur nach Maßgabe des Verhältnisses der Zahl der schon vorhandenen Betriebe zur Einwohnerzahl ist ausgeschlossen.

§ 4.

Soweit nach dem entsprechend anzuwendenden § 1 Abs. 1 GastG. Personenvereinigungen eine Erlaubnis erteilt werden kann, ist bei Anträgen auf Erteilung der Erlaubnis zum Bierkleinhandel zu berücksichtigen, daß das

Bedürfnis nicht dadurch ausgeschlossen wird, daß es sich auf einen bestimmten Personenkreis beschränkt.

§ 5.

Im Rahmen der Grundsätze nach §§ 2—4 ist im besonderen zu beachten:

1. Bei Anträgen auf Erteilung der Erlaubnis zum Betriebe einer neu zu errichtenden Vertriebsstätte ist ein strengerer Maßstab anzulegen als bei Anträgen auf Erteilung der Erlaubnis zum Betrieb einer schon vorhandenen Vertriebsstätte; das gleiche gilt bei Anträgen auf Erteilung der Erlaubnis zum Betrieb einer vorhandenen Vertriebsstätte, die in der Zeit seit Inkrafttreten des Gaststättengesetzes bis zum Inkrafttreten des Gesetzes über den Kleinhandel mit Bier errichtet wurde, ferner bei Verlegung einer schon vorhandenen Vertriebsstätte in ein anderes, nicht in unmittelbarem räumlichen Zusammenhang mit dem seitherigen stehendes Gebäude.
2. Bei Anträgen auf Erteilung der Erlaubnis zum Betrieb einer schon vorhandenen Vertriebsstätte darf im übrigen, insbesondere bei Betrieben, die einem häufigen Besitzwechsel unterliegen oder die sich auf die Dauer nicht als lebensfähig erwiesen haben oder die nicht ordnungsmäßig geführt werden, das Bedürfnis nicht allein schon aus dem bisherigen Vorhandensein des Betriebes gefolgert werden. Auch hier sind alle für die Bedürfnisprüfung maßgebenden Umstände in Betracht zu ziehen.

§ 6.

Bei Anträgen auf Erteilung der Erlaubnis zum Betrieb einer schon vorhandenen Vertriebsstätte ist das Bedürfnis ohne Rücksicht auf die Zahl der schon vorhandenen Gast- und Schankwirtschaften und Bierkleinhandlungen anzuerkennen, wenn der Bierkleinhandel in dieser Vertriebsstätte schon vor mehr als drei Jahren vor Inkrafttreten des Bierkleinhandelsgesetzes[1]) begonnen und seitdem ununterbrochen ausgeübt wurde.

[1]) Das BierklhG. ist am 14. 9. 31 in Kraft getreten.

III. Zuständigkeit und Verfahren.

1. Zuständigkeit.

§ 7.

I Zuständig zum Vollzug der entsprechend anzuwendenden Bestimmungen der §§ 1, 4, 5 Abs. 2, §§ 6, 7, 11, 12, 17 Abs. 1, § 22 Abs. 2 Satz 4 GastG. und des Art. 2 des Gesetzes über den Kleinhandel mit Bier ist die Bezirksverwaltungsbehörde (Bezirksamt, Stadtrat) des Sitzes der Vertriebsstätte.

II Zuständig zum Vollzug der entsprechend anzuwendenden Bestimmungen der §§ 8, 22 Abs. 1 und Abs. 2 Satz 1 GastG. ist die Ortspolizeibehörde (in Gemeinden mit staatlicher Polizeiverwaltung der Stadtrat) des Sitzes der Vertriebsstätte.

2. Verwaltungsrechtsverfahren.

§ 8.

Für das Verfahren gelten in den Fällen der entsprechend anzuwendenden Bestimmungen der §§ 1, 4 Abs. 1 und 2, §§ 6, 11, 12, 17 Abs. 1 Satz 1 GastG. die Bestimmungen der §§ 21 bis 23 der Verordnung zum Vollzug des Gaststättengesetzes vom 12. September 1931 (GVBl. S. 251)[1]) entsprechend.

3. Einfaches Verwaltungsverfahren.

§ 9.

Soweit nicht das Verwaltungsrechtsverfahren nach § 8 stattfindet, gilt folgendes:

1. In den Fällen der entsprechend anzuwendenden Bestimmungen des § 5 Abs. 2, der §§ 7, 17 Abs. 1 Satz 2, § 22 Abs. 2 Satz 4 GastG. entscheidet die Bezirksverwaltungsbehörde endgültig.
2. In den sonstigen Fällen ist gegen die Entscheidung der ersten Stufe binnen 14 Tagen, vom Tage der Eröffnung an gerechnet, Beschwerde an die nächst vorgesetzte Behörde zulässig; diese entscheidet endgültig.
3. Im übrigen verbleibt es bei den bestehenden Vorschriften.

---

[1]) S. oben S. 80.

IV. Schlußbestimmung.

§ 10.

Die Verordnung tritt am 14. September 1931 zugleich mit dem Gesetz über den Kleinhandel mit Bier vom 27. August 1931 (GVBl. S. 223) in Kraft.

München, den 12. September 1931.

b) Bekanntmachung zum Vollzug des Gesetzes über den Kleinhandel mit Bier (VBek. z. BierKlhG.).

Vom 15. September 1931 (GVBl. S. 270).

Staatsministerium des Äußern.

Zur Durchführung des Gesetzes über den Kleinhandel mit Bier vom 27. August 1931 (GVBl. S. 223) und der Vollzugsverordnung vom 12. September 1931 (GVBl. S. 255) wird im Einvernehmen mit den beteiligten Staatsministerien bestimmt:

§ 1.

Erlaubnispflicht.

I Der Erlaubnis bedürfen nicht nur die Errichtung neuer und die Übernahme bestehender Betriebe, sondern auch

1. die ganze oder teilweise Verlegung eines bestehenden Betriebes in andere Räume,
2. alle wesentlichen Änderungen in der Art oder im Umfang des Betriebes.

II Keiner Erlaubnis bedürfen

1. der Bierkleinhandel der im § 27 GastG. aufgeführten Betriebe,
2. die nichtgewerbsmäßigen Betriebe mit Ausnahme der Betriebe der Vereine und Gesellschaften (vergl. § 23 Abs. 1 Halbsatz 1 GastG.),
3. die Abgabe von Bier im kleinen an Angestellte oder Arbeiter von Vereinen und Gesellschaften durch diese (vergl. § 23 Abs. 1 Halbsatz 2 GastG.).

§ 2.

Kleinhandel mit Bier.

I Für den Begriff Kleinhandel mit Bier ist § 1 VV. z. BierklhG. maßgebend. Für die erlaubnisfreie Bierabgabe an Verbraucher durch Brauer und Kommunbrauer ist es gleichgültig, ob die Abgabe ausschließlich entweder vom Brauhaus oder vom Lagerkeller oder auch von einer räumlich getrennten Bierabfüllerei aus erfolgt. Die ortsübliche Abgabe von Bier über die Straße durch Inhaber einer Wirtschaft (sog. Gassenschank) ist nicht Bierkleinhandel im Sinne dieser Bestimmung.

II Der Begriff Bierkleinhandel umfaßt sowohl die Abgabe in Flaschen als auch offen vom Faß, sofern die Abgabe nicht zum Genuß auf der Stelle erfolgt.

§ 3.

Voraussetzungen der Erlaubniserteilung.

I Die Erlaubnis darf nur erteilt werden

1. wenn und soweit ein Bedürfnis für den beabsichtigten Betrieb nachgewiesen ist,
2. wenn kein Versagungsgrund nach § 2 Abs. 1 GastG. vorliegt.

II Auf andere Gründe kann die Versagung der Erlaubnis nicht gestützt werden. Die Erlaubnisbehörde kann jedoch die Behandlung und Bescheidung eines Antrages ablehnen, solange der Antragsteller nicht nachweist, daß er berechtigt ist über die für den Betrieb bestimmten Räume zu verfügen.

§ 4.

Bedürfnisprüfung.

Für die Würdigung der Bedürfnisfrage gelten die Grundsätze der §§ 2—6 VV. z. BierklhG. Die Verordnung ist eine Rechtsverordnung, ihre Vorschriften sind daher für die entscheidenden Behörden bindend.

§ 5.

Zuverlässigkeit des Antragstellers.

I Die gemäß § 2 Abs. 1 Ziff. 1 und 2 GastG. an die

persönliche Zuverlässigkeit des Antragstellers zu stellenden Anforderungen sind auf das strengste einzuhalten.

II Unzuverlässigkeit wird vor allem anzunehmen sein, wenn Tatsachen die Annahme rechtfertigen, daß der Antragsteller das Gewerbe zum unbefugten Bierausschank mißbrauchen oder die Vorschriften über Ladenschluß und Sonntagsruhe nicht beachten oder die für den Betrieb gebotene Reinlichkeit außer acht lassen wird.

§ 6.

Eignung der Räume.

Die Eignung der Betriebsräume (Verkaufs-, Aufbewahrungs- und Abfüllräume) ist im allgemeinen nach folgenden Richtlinien zu würdigen:

1. die Erlaubnis darf von besonderen Verhältnissen abgesehen nicht erteilt werden, wenn das dem Betriebe dienende Anwesen abgelegen oder nicht jederzeit leicht zugänglich ist;
2. die Verkaufsräume müssen in der Regel an der Straßenseite liegen und einen unmittelbaren Zugang von der Straße aus haben;
3. die Betriebsräume müssen trocken, ausreichend belichtet und unmittelbar ins Freie lüftbar sein; sie dürfen nicht als Schlaf-, Koch- oder Wohnräume benützt werden;
4. der Verkauf in Hauseingängen, Hofräumen u. dgl. ist im allgemeinen nicht zuzulassen.

§ 7.

Erlaubniserteilung.

I Die Betriebsart (Abgabe in Flaschen oder offen) und die zugelassenen Räume, insbesondere die Verkaufsräume sind bei der Erlaubniserteilung zu bezeichnen.

II Von der Befugnis, die Erlaubnis mit der Beschränkung zu erteilen, daß der Bierkleinhandel dem Antragsteller nur im Betrieb eines von ihm in einer offenen Verkaufsstelle geführten Geschäfts bestimmter Art erlaubt wird (§ 3 Abs. 2 Satz 2 GastG.), ist im allgemeinen Gebrauch zu machen.

§ 8.

Anhörung von Behörden und Vereinigungen.

Vor Erteilung und vor Zurücknahme der Erlaubnis ist die Ortspolizeibehörde (Bürgermeister, in Städten mit staatlicher Polizeiverwaltung die Polizeidirektion oder das Staatspolizeiamt) zu hören. Die Einvernahme hat sich in der Regel auf die Frage des Bedürfnisses, die Zuverlässigkeit des Antragstellers und die Eignung der Räume (§ 1 Abs. 2 und § 2 GastG.) zu erstrecken. In geeigneten Fällen kann auch die örtliche oder bezirksweise Berufsvertretung der Arbeitgeber der beteiligten Gewerbe (Wirteinnung, Vereinigung des einschlägigen Einzelhandels) gehört werden.

§ 9.

Anwendung von Bestimmungen der VBek. z. GastG.

Bezüglich der Erteilung der Stellvertretungserlaubnis, der widerruflichen Zulassung zum Gewerbebetrieb, der vorübergehenden Gestattung des Gewerbebetriebs, der Anordnung von Auflagen, der Zurücknahme der Erlaubnis, der Beschäftigung von Betriebsleitern und Aufsichtspersonen, der Antragstellung und der Schließung des Betriebs wird auf die §§ 13—15, 17, 18, 22 und 24 VBek. z. GastG. zur entsprechenden Anwendung verwiesen.

§ 10.

Betriebsverzeichnis, Statistik.

I Die Bezirksverwaltungsbehörde hat ein Verzeichnis über die erteilten Erlaubnisse zu führen. Das Verzeichnis soll nach dem Muster des Gaststätten-Verzeichnisses (s. § 26 VBek. z. GastG.) geführt werden.

II Bezüglich der Statistik des Bierkleinhandels s. § 26 Abs. III VBek. z. GastG.

§ 11.

Stempel- und Kostenpflicht.

I Für die Erteilung der Erlaubnis zum Bierkleinhandel wird neben der Gebühr nach Art. 142, 143 des Kostengesetzes eine Stempelabgabe nach Tarif-Nr. 19 Abs. VI a des Stempelgesetzes in der Fassung des Art. 3 BierklhG. in Höhe von 30 bis 500 *RM* erhoben. Für die Bemessung des Stempels im Einzelfall sind die Bestimmungen des Art. 22 des Stempelgesetzes und die Ausführungsvorschriften maßgebend; hiezu kommt der Zuschlag von 20 v. H. nach dem Gesetz vom 24. Juni 1930 (GVBl. S. 203).

II Bei der Erteilung der Stellvertretungserlaubnis kommt eine Stempelabgabe nicht zum Ansatz; als Gebühr nach Art. 142, 143 des Kostengesetzes ist hier in der Regel die Mindestgebühr anzusetzen.

§ 12.

Übergangsbestimmungen.

I Wer den Bierkleinhandel bis zum Inkrafttreten des BierklhG. betrieben hat, darf für seine Person dieses Gewerbe in der bisherigen Art und den bisherigen Räumen auch nach dem Inkrafttreten des Gesetzes ohne Erlaubnis weiter betreiben, vgl. GewO. § 1 Abs. 2; diese Befugnis steht im Rahmen des § 46 GewO. auch der Witwe und den minderjährigen Erben zu.

II Wer den Bierkleinhandel erst in der Zeit vom 1. Juli 1930, dem Tag des Inkrafttretens des GastG., bis zum Inkrafttreten des BierklhG. begonnen hat, hat hievon nachträglich für jede Vertriebsstätte binnen einem Monat nach Inkrafttreten dieses Gesetzes der Bezirksverwaltungsbehörde des Sitzes der Vertriebsstätte (Bezirksamt, Stadtrat) schriftliche Anzeige zu erstatten; die Anzeigepflicht entfällt aber, wenn er den Bierkleinhandel bei Ablauf der Einmonatsfrist eingestellt hat (Art. 2 BierklhG.).

III Für die Entgegennahme der Anzeige wird eine Gebühr von 30 bis 500 RM erhoben (Art. 2 Abs. III Bierklh.-G.). Auf diese Gebühr ist eine Gebühr anzurechnen, die nach Art. 156 KostG. bisheriger Fassung etwa entrichtet wurde. Für die Bemessung der Gebühr im Einzelfall sind die Bestimmungen des Art. 175 KostG. und die Ausführungsvorschriften maßgebend; zu der Gebühr tritt der Zuschlag von 20 v. H. nach dem Gesetz vom 24. Juni 1930 (GVBl. S. 203). Ist die Anzeige an einen unmittelbaren Stadtrat zu erstatten, so fließt die Gebühr in die Gemeindekasse, vergl. Art. 165 KostG.

München, den 15. September 1931.

3. Verordnung des Reichswirtschaftsministers zur Ausführung des Gaststättengesetzes.

Vom 21. Juni 1930 (RGBl. I S. 191).

Auf Grund des § 1 Abs. 3 und des § 13 Abs. 3 des Gaststättengesetzes vom 28. April 1930 (Reichsgesetzbl. I S. 146) wird hiermit nach Zustimmung des Reichsrats verordnet:

I. Grundsätze für die Prüfung des Bedürfnisses.

1. Bei Gast- und Schankwirtschaften.

§ 1

Bei Anträgen auf Erteilung der Erlaubnis zum Ausschank nichtgeistiger Getränke, insbesondere von Milch, ist das Bedürfnis in der Regel zu bejahen. Es ist nur zu verneinen, wenn sich aus besonderen Umständen ergibt, daß ein Bedürfnis nicht vorhanden ist.

§ 2

Bei Anträgen auf Erteilung der Erlaubnis zum Ausschank geistiger Getränke ist das Bedürfnis nach strengsten Grundsätzen zu prüfen. Die persönlichen Interessen des Antragstellers oder anderer an der Erteilung der Erlaubnis beteiligter Personen sind bei der Prüfung nicht zu berücksichtigen. Das Bedürfnis muß im Zeitpunkt der Erteilung der Erlaubnis gegenwärtig und darf nicht nur vorübergehend sein. Führt die Prüfung der maßgebenden Umstände nicht überzeugend zur Bejahung des Bedürfnisses, so muß es verneint werden.[1])

§ 3

($_1$) Die Prüfung ist insbesondere auf folgende Umstände zu richten: Art und örtliche Lage des Betriebs, für den die Erlaubnis beantragt wird; Zahl, Art, örtliche Lage und Entfernung der schon vorhandenen Gast- oder Schankwirtschaften; soziale Schichtung, Lebensgewohn-

[1]) Die Vermutung spricht für den Mangel des Bedürfnisses; sie muß entkräftet werden, wenn ein Bedürfnis anerkannt werden soll (Begr.).

heiten und Dichtigkeit der Bevölkerung; Erfordernisse des Ortsverkehrs und Fremdenverkehrs.

(2) Eine Bestimmung des Bedürfnisses nur nach Maßgabe des Verhältnisses der Zahl der vorhandenen Betriebe zur Einwohnerzahl ist ausgeschlossen.

§ 4

(1) Soweit nach § 1 Abs. 1 des Gaststättengesetzes Personenvereinigungen eine Erlaubnis erteilt werden kann, ist bei Anträgen auf Erteilung der Erlaubnis zum Betrieb einer Gast- oder Schankwirtschaft zu berücksichtigen, daß das Bedürfnis nicht dadurch ausgeschlossen wird, daß es sich auf einen bestimmten Personenkreis beschränkt.

(2) Bei Anträgen auf Erteilung der Erlaubnis zum Ausschank in Unternehmen, die in erster Linie die Darbietung künstlerischer oder wissenschaftlicher Vorführungen zum Gegenstande haben (insbesondere Theater-, Konzert- und Lichtspielvorführungen, Vorträge), ist das Bedürfnis nur anzuerkennen, soweit es durch die regelmäßige Dauer der Veranstaltungen und die Zahl der Besucher, die die Räume des Unternehmens zu fassen vermögen, gerechtfertigt wird.

§ 5

Im Rahmen der in den §§ 2, 3 und 4 enthaltenen Grundsätze ist im besonderen zu beachten:

1. Bei Anträgen auf Erteilung der Erlaubnis zum Betrieb einer Schankwirtschaft mit ausschließlichem oder vorwiegendem Branntweinausschank (zum Beispiel Bars, Likörstuben) darf das Bedürfnis nur in Ausnahmefällen anerkannt werden; dabei sind nicht nur die schon vorhandenen gleichartigen, sondern alle Schankstätten in Betracht zu ziehen, in denen Branntwein ausgeschänkt wird.
2. Bei Anträgen auf Erteilung der Erlaubnis zum Betrieb einer neu zu errichtenden Gast- oder Schankwirtschaft oder zur Erweiterung einer bestehenden Gast- oder Schankwirtschaft auf bisher nicht zugelassene Räume oder Getränke ist ein strengerer Maß-

stab anzulegen als bei Anträgen auf Erteilung der Erlaubnis zum Betrieb einer schon vorhandenen Gast- oder Schankwirtschaft.

3. Bei Anträgen auf Erteilung der Erlaubnis zum Betrieb einer schon vorhandenen Gast- oder Schankwirtschaft darf, insbesondere bei Betrieben, die einem häufigen Besitzwechsel unterliegen, das Bedürfnis nicht allein schon aus dem bisherigen Vorhandensein des Betriebs gefolgert werden. Auch hier sind alle für die Bedürfnisprüfung maßgebenden Umstände in Betracht zu ziehen. Im übrigen sollen bei Würdigung des Bedürfnisnachweises, unbeschadet des Ziels einer planmäßigen Verminderung der über das Bedürfnis hinaus vorhandenen Schankwirtschaften, die bestehenden Betriebe nur insoweit als gleichwertig angesehen werden, als sie nach Größe und Betriebsart gleichartig sind.

4. Bei Anträgen auf Erteilung der Erlaubnis zum Betrieb einer Gastwirtschaft ist grundsätzlich die Prüfung sowohl auf das Bedürfnis für die Fremdenbeherbergung wie auf das Bedürfnis für den Ausschank der einzelnen Getränkearten zu richten.

2. Beim Kleinhandel mit Branntwein

§ 6

(1) Bei Anträgen auf Erteilung der Erlaubnis zum Kleinhandel mit Branntwein ist die Zahl der bereits vorhandenen Kleinhandelsbetriebe, einschließlich der Filialbetriebe, in Betracht zu ziehen, ohne Rücksicht auf die Art des in ihnen gehandelten Branntweins.

(2) Die Bestimmungen der §§ 2, 3, 4 und 5 Ziffer 2 und 3 finden entsprechende Anwendung, soweit sich nicht aus den §§ 7 und 8 etwas anderes ergibt.

§ 7

Bei Anträgen auf Erteilung der Erlaubnis zum Kleinhandel mit Branntwein in fest verschlossenen, mit der Firma des Herstellers oder Händlers versehenen Flaschen ist das Bedürfnis ohne Rücksicht auf die Zahl der vorhandenen Kleinhandelsbetriebe anzuerkennen, wenn der Kleinhandel mit Branntwein einen der herrschenden Übung entsprechenden und notwendigen Bestandteil der Art des in Betracht kommenden Handelsbetriebs darstellt.

§ 8

Bei Anträgen auf Erteilung der Erlaubnis zum Kleinhandel mit Branntwein in Handelsbetrieben, in denen der Branntweinverkauf nicht zu den der herrschenden Übung entsprechenden und notwendigen Bestandteilen gehört, ist das Bedürfnis in der Regel zu verneinen, es sei denn, daß die Zahl der vorhandenen Branntweinkleinhandlungen nicht ausreicht.

II. Abgrenzung des Kleinhandels mit Branntwein

§ 9

Als Kleinhandel mit Branntwein im Sinne des § 1 Abs. 1 des Gaststättengesetzes gilt jede gewerbsmäßige und in den Fällen des § 23 Abs. 1 des Gaststättengesetzes auch die nicht gewerbsmäßige Abgabe einer Menge von nicht mehr als 3 Liter Branntwein an Verbraucher. Verbraucher im Sinne dieser Vorschrift ist, wer Branntwein zum persönlichen Genuß oder zur Verwendung im eigenen Haushalt bezieht.

III. Abgrenzung des Kleinhandels mit Bier oder Wein

§ 10

Als Kleinhandel mit Bier oder Wein im Sinne des § 13 Abs. 1 des Gaststättengesetzes gilt jede gewerbsmäßige und in den Fällen des § 23 Abs. 1 des Gaststättengesetzes auch die nicht gewerbsmäßige Abgabe von Bier oder Wein unmittelbar an Verbraucher. Verbraucher im Sinne dieser Vorschrift ist, wer Bier oder Wein zum persönlichen Genuß oder zur Verwendung im eigenen Haushalt bezieht.

§ 11

Diese Verordnung tritt am 1. Juli 1930 in Kraft.

4a) Verordnung über die Polizeistunde.

Vom 26. Juni 1930 (GVBl. 197).

Auf Grund der §§ 14 und 23 Abs. 2 des Gaststättengesetzes vom 28. April 1930 (RGBl. I S. 146) wird bestimmt:

§ 1

(1) Die Polizeistunde beginnt um 12 Uhr nachts und endet um 6 Uhr morgens. Innerhalb dieser Zeit dürfen Gäste in einer Schankwirtschaft, den Schankräumen einer Gastwirtschaft, in einer Speisewirtschaft oder an einem öffentlichen Vergnügungsorte[1]) nicht verweilen.

(2) Die Polizeistunde kann durch ortspolizeiliche Vorschrift allgemein oder für bestimmte Wirtschaftsgattungen, für den ganzen Gemeindebezirk oder für einen Teil desselben, für das ganze Jahr oder für bestimmte Monate, Wochen oder Tage anderweitig geregelt werden.

(3) Eine Regelung, durch welche eine spätere als die in Abs. 1 bestimmte Polizeistunde festgesetzt oder das Verweilen von Gästen vor 6 Uhr morgens gestattet wird, kann nur durch eine fortdauernd geltende Vorschrift (Art. 6 PStGB.) und nur insoweit erfolgen, als es die örtlichen Verhältnisse unbedingt erfordern. Äußerstenfalls darf durch ortspolizeiliche Vorschrift das Verweilen von Gästen bis 1 Uhr nachts und von 4 Uhr morgens an gestattet werden.

(4) Der Ausschank von Branntwein in Gast- oder Schankwirtschaften darf nicht vor 7 Uhr früh beginnen.

§ 2

(1) Die Bezirkspolizeibehörden (Polizeidirektionen) können für e i n z e l n e Gast-, Schank- und Speisewirtschaften die Polizeistunde f o r t d a u e r n d bis 2 Uhr morgens verlängern, wenn die Bedürfnisse des Fremdenverkehrs oder andere berechtigte Bedürfnisse der Allgemeinheit es erfordern.

---

[1]) Über den Begriff des „öffentlichen Vergnügungsortes“ vgl. ObLGSt. 30, 27.

(2) Bei besonderen Anlässen können sie die Polizeistunde vorübergehend allgemein oder für einzelne Gast-, Schank- und Speisewirtschaften bis 3 Uhr morgens verlängern.

(3) Für Versammlungen von Personen, die sich am Tage und in den Abendstunden wegen beruflicher Abhaltung nicht versammeln können (Berufsversammlungen), können die Bezirkspolizeibehörden (Polizeidirektionen) die Polizeistunde auch über 3 Uhr morgens verlängern.

(4) Die allgemeine Verlängerung hat durch öffentliche Bekanntmachung, die besondere Verlängerung durch schriftliche Verfügung zu erfolgen. Die Verlängerung darf nur bewilligt werden, wenn Gewähr dafür besteht, daß Mißbräuche und Ausschreitungen nicht vorkommen.

(5) Für Wirtschaften, deren Betrieb in Bezug auf Ruhe, Ordnung und Sicherheit oder Sittlichkeit wiederholt zu polizeilichen Beanstandungen Anlaß gegeben hat, können die Bezirkspolizeibehörden (Polizeidirektionen) eine frühere Polizeistunde bestimmen, als allgemein festgesetzt ist. Die gleiche Maßnahme kann bei dringenden außerordentlichen Veranlassungen von der Bezirks- oder Ortspolizeibehörde für alle Wirtschaften eines bestimmten Gebietes getroffen werden.

§ 3

(1) Die Bestimmungen der §§ 1 und 2 finden auf Zusammenkünfte von Vereinen und geschlossenen Gesellschaften nur Anwendung, wenn diese in einer Gast- oder Schankwirtschaft oder in Räumen, die mit einer solchen verbunden sind und in denen Schankwirtschaft betrieben wird[1]) stattfinden.

(2) Finden solche Zusammenkünfte in einem ausschließlich für sie bestimmten Gesellschaftsraum statt[2]), so kann die Ortspolizeibehörde für sie die Polizeistunde bis spä-

---

[1]) „Verbunden" mit einer Gast- oder Schankwirtschaft sind solche Gesellschaftsräume, die einen Bestandteil der Räume der öffentlichen Wirtschaft bilden, ObLGSt. 24, 23.

[2]) In den Vereins- oder Gesellschaftshäusern gelten die Bestimmungen über die Polizeistunde nur insoweit, als darin eine Gast- und Schankwirtschaft betrieben wird; aut. ME. vom 17. 7. 30 Nr. 2543 a 18.

testens 2 Uhr morgens widerruflich verlängern, wenn diese Maßnahme nach den örtlichen Verhältnissen mit der Aufrechterhaltung der öffentlichen Ruhe und Ordnung vereinbar ist.

§ 4

Der Inhaber einer Gast-, Schank- oder Speisewirtschaft oder eines öffentlichen Vergnügungsortes oder sein Stellvertreter hat den Gästen den Beginn der Polizeistunde bekanntzugeben und sie zum Weggehen aufzufordern. Nötigenfalls hat er dafür zu sorgen, daß die Gäste die Schankräume oder den Vergnügungsort verlassen.

§ 5

Das Staatsministerium des Innern erläßt die zum Vollzug dieser Verordnung notwendigen Bestimmungen. Es behält sich vor, Ausnahmen von den Vorschriften der Verordnung zu bewilligen.

§ 6

Diese Verordnung tritt mit dem 1. Juli 1930 an die Stelle der Verordnung vom 29. August 1921, betr. die Polizeistunde (GVBl. S. 408).

4 b) Bekanntmachung zum Vollzug der Verordnung über die Polizeistunde.

Vom 26. Juni 1930 (GVBl. 198).

Das am 1. Juli in Kraft tretende Gaststättengesetz vom 28. April 1930 (RGBl I S. 146) hebt den § 365 RStGB und den Art. I des Notgesetzes vom 24. Februar 1923 (RGBl I S. 147) auf und ersetzt die in diesem Artikel enthaltenen Bestimmungen über die Polizeistunde (Art. I § 2 und § 4 Abs. II) durch neue Vorschriften (§§ 14, 23 Abs. 2, 29 Ziff. 6—8). Im Hinblick auf diese veränderte Rechtsgrundlage ist die formell noch gültige, in ihren wesentlichen Bestimmungen aber durch Ausnahmebewilligungen auf Grund ihres § 4 Satz 2 überholte Verordnung über die Polizeistunde vom 29. August 1921 (GVBl. S. 408) neu gefaßt worden. Die Neufassung schließt sich an die derzeit geltenden Bestimmungen an, wie sie durch innerdienstliche Ministerialentschließungen getroffen worden sind. Beim Vollzug der Verordnung können daher die bisherigen Grundsätze im wesentlichen weiterhin angewendet werden. Im übrigen wird noch folgendes bestimmt:

1. Im § 1 ist die allgemeine Polizeistunde für das ganze Land aus Zweckmäßigkeitsgründen von 11 auf 12 Uhr nachts hinaufgesetzt worden, weil schon bisher auf Grund innerdienstlicher Ministerialentschließung ortspolizeiliche Vorschriften, die die Polizeistunde auf 12 Uhr nachts, an Samstagen auf 1 Uhr morgens festsetzen, in allen den Gemeinden zuzulassen waren, in denen diese Maßnahme mit der Aufrechterhaltung der öffentlichen Ruhe und Ordnung vereinbar ist. Die Möglichkeit der Verlängerung der Samstagpolizeistunde auf 1 Uhr morgens ist auf die Orte beschränkt worden, in denen es die örtlichen Verhältnisse unbedingt erfordern. Eine solche unbedingte Notwendigkeit für die Verlängerung der Polizeistunde nicht nur am Samstag, sondern auch an den anderen Wochentagen kann sich insbesondere aus den Bedürfnissen des Fremdenverkehrs ergeben. Bei einer Herabsetzung der Polizeistunde durch ortspolizeiliche Vorschriften ist ein Bedürfnisnachweis nicht erforderlich. Die bisherigen ortspolizeilichen Vorschriften behalten insoweit ihre Gültigkeit, als sie sich im Rahmen des § 1 halten. Vor Erlaß neuer oder Abänderung bestehender ortspolizeilicher Vorschriften sind die am Ort befindlichen wirtschaftlichen Vereinigungen der Arbeitgeber und Arbeitnehmer des Gast- und Schankwirtschaftsgewerbes zu hören.
2. Die Vorschriften in § 2 entsprechen der bisherigen Regelung. Soweit auf Grund dieser Regelung eine fortdauernde Verlängerung der Polizeistunde erfolgt ist, hat es hiebei sein Bewenden. Vor neuen fortdauernden oder vorübergehenden, allgemeinen oder

besonderen Verlängerungen ist sorgfältig zu prüfen, ob ein Bedürfnis und ob Gewähr dafür besteht, daß Mißbräuche und Ausschreitungen nicht vorkommen. Die im Bezirk befindlichen wirtschaftlichen Vereinigungen der Arbeitgeber und Arbeitnehmer des Gast- und Schankwirtschaftsgewerbes sind zu hören.

Besondere Anlässe für eine allgemeine Verlängerung der Polizeistunde können z. B. bei Tagungen oder ähnlichen Veranstaltungen, die einen großen Fremdenzustrom bringen, gegeben sein. Als besondere Anlässe für eine einzelne Polizeistundenverlängerung kommen z. B. Stiftungsfeiern von Vereinen, Dienst- und Geschäftsjubiläen oder Hochzeitsfeiern in Betracht. Bei Verlängerung der Polizeistunde ist nötigenfalls durch entsprechende Genehmigungsbedingungen dafür zu sorgen, daß die öffentliche Ruhe, Ordnung, Sicherheit und Sittlichkeit nicht gefährdet sowie die Arbeitsschutzbestimmungen und insbesondere die Bestimmungen über die Arbeitszeit des Bedienungspersonals eingehalten werden.

Als Berufsversammlungen im Sinne des § 2 Abs. 3 sind hauptsächlich solche von Angestellten des Gastwirtsgewerbes, aber auch von Angehörigen des Musikerberufs und des Verkehrsdienstes anzusehen.

Die öffentliche Bekanntmachung einer allgemeinen Polizeistundenverlängerung erfolgt in der für amtliche Veröffentlichungen der Bezirkspolizeibehörde üblichen Weise.

Durch Polizeistundenverkürzung nach § 2 Abs. 5 ist vor allem dem Unwesen der Animierkneipen entgegenzutreten.

3. Die gegenüber der Verordnung vom 29. August 1921 veränderte Fassung des § 3 ist durch den Wortlaut des § 23 Abs. 2 Satz 1 des Gaststättengesetzes veranlaßt. Eine sachliche Änderung der bisherigen Vorschrift ergibt sich nur insofern, als die Befugnis der Ortspolizeibehörden zur Polizeistundenverlängerung auch auf solche Vereine ausgedehnt wurde, die andere als gesellige Zwecke verfolgen. Die Orts-

polizeibehörden haben von ihrer Befugnis einen tunlichst zurückhaltenden Gebrauch zu machen und insbesondere bei politischen Vereinen genau zu prüfen, ob durch die Polizeistundenverlängerung nicht die öffentliche Ruhe und Ordnung gefährdet wird.

4. Die in § 4 vorgesehene Verpflichtung des Gast-, Schank- oder Speisewirts oder seines Stellvertreters enthebt die Polizeibehörde nicht ihrer Amtspflicht, durch ihre eigenen Vollzugsbeamten die Einhaltung der Polizeistunde zu überwachen.

Es wird erwartet, daß die Polizeibehörden dem Vollzug der Vorschriften über die Polizeistunde die nötige Aufmerksamkeit widmen. Die Vorschriften dürfen nicht kleinlich gehandhabt werden. Insbesondere ist bei der Festsetzung der Polizeistunde den Interessen des Fremdenverkehrs in der erforderlichen Weise Rechnung zu tragen. Auf der anderen Seite ist aber auch mit allem Nachdruck dafür zu sorgen, daß die festgesetzte Polizeistunde allenthalben in der Bevölkerung die im Interesse der öffentlichen Ordnung gebotene Beachtung findet.

5. Richtlinien für die Behandlung der Bahnhofswirtschaften.

(Staatsanz. 1927 Nr. 173).

Bek. d. Staatsmin. d. Inn. f. Soz. Fürs. u. f. Handel, Industrie und Gewerbe v. 15. 7. 27 Nr. 22 b 3, betr. Bahnhofsverkaufsstellen.

A. Richtlinien für die Behandlung der Bahnhofswirtschaften und der Bahnhofsverkaufsstellen.

Im Verfolg der Beratungen des Reichsrats über den Gesetzentwurf, betreffend Änderung des § 6 der Reichsgewerbeordnung, sind im Wege der Verhandlungen zur praktischen Lösung der aufgetauchten Zweifelsfragen nachstehende Richtlinien aufgestellt worden. Die Deutsche Reichsbahn-Gesellschaft und die Landesregierungen werden ihre nachgeordneten Behörden mit entsprechenden Weisungen versehen. Die Deutsche Reichsbahn-Gesellschaft setzt dabei voraus, daß gegenüber Privat- und Kleinbahnen, Kommunalverbänden usw. von den Landesregierungen keine günstigere Regelung als die nachstehend vorgesehene angewendet wird. Beide Teile behalten sich nach vorheriger Verständigung des anderen Teiles den Rücktritt von diesen Vereinbarungen vor und halten ihre grundsätzliche Rechtsauffassung über die Stellung der Deutschen Reichsbahn-Gesellschaft zur Reichsgewerbeordnung aufrecht.

I. Bahnhofswirtschaften und selbständige Erfrischungshallen.

1. Bahnhofswirtschaften und selbständige Erfrischungshallen im Sinne dieser Richtlinien sind nur solche, die sich auf einem Personenbahnhof innerhalb oder außerhalb der Bahnsteigsperre befinden. Bahnhofswirtschaften und selbständige Erfrischungshallen, die außerhalb des Personenbahnhofs, wenn auch auf bahneigenem Gelände gelegen sind, unterliegen stets der Erlaubnispflicht nach § 33 der Gewerbeordnung.[1])

2. Neue Bahnhofswirtschaften und selbständige Erfrischungshallen können von der Reichsbahndirektion nur im Einvernehmen mit der höheren Verwaltungsbehörde zugelassen werden. Eine Erlaubniserteilung auf Grund des § 33 GO. findet in diesem Falle nicht statt. Ebenso ist eine solche Erlaubniserteilung nicht erforderlich für die von der Reichsbahnverwaltung für ihr Personal eingerichteten Kantinen und Küchen.

Bahnhofswirtschaften und selbständige Erfrischungshallen, deren Pächter wechseln, oder die nach vorübergehender Schließung wieder eröffnet werden, sind nicht neue im Sinne dieser Bestimmungen.

Für die Errichtung neuer Bahnhofswirtschaften und selbständiger Erfrischungshallen ist das Bedürfnis des Reiseverkehrs maßgebend. Hierbei sind Art und Umfang des Verkehrs, in erster Linie des Fernverkehrs, gesteigerter Ausflugsverkehr, mangelnde Erfrischungsmöglichkeiten

---

[1]) Nun nach § 1 des GastG.

in unmittelbarer Nähe des Bahnhofs und ähnliche Gesichtspunkte zu beachten.

3. Hinsichtlich der Polizeistunde werden Bahnhofswirtschaften und selbständige Erfrischungshallen innerhalb und außerhalb der Sperre gleichmäßig behandelt.

Nach Eintritt der örtlichen Polizeistunde ist der Ausschank von alkoholischen Getränken grundsätzlich verboten. Ausnahmen kann die Reichsbahndirektion im Einvernehmen mit der höheren Verwaltungsbehörde zulassen; solche Ausnahmen sind insbesondere zuzulassen für Bahnhöfe mit größerem Umsteigeverkehr, wenn die örtliche Polizeistunde eine frühe ist und nach ihrem Eintritt noch stärkerer Zugverkehr stattfindet.

Der Wirtschaftsbetrieb darf frühestens eine Stunde vor dem Abgang des ersten der Personenbeförderung dienenden Zuges geöffnet und nicht später als ½ Stunde nach Abgang oder Ankunft des letzten derartigen Zuges geschlossen werden. Die Reichsbahndirektionen sind ermächtigt, das Offenhalten der Wirtschaft bis zur örtlichen Polizeistunde zu gestatten, wenn der Zugverkehr schon früher endigt. Unabhängig von den vorstehenden Bestimmungen ist das Offenhalten der Warteräume, das sich nach der Zuglage richtet.

Unberührt durch vorstehende Bestimmungen bleiben die allgemeinen polizeilichen Befugnisse.

II. Bahnhofsverkaufsstellen.

1. Die Bahnhofsverkaufsstellen haben grundsätzlich die örtlichen Ladenschlußstunden einzuhalten. Ausnahmen kann die Reichsbahndirektion im Einvernehmen mit der höheren Verwaltungsbehörde zulassen. Das Einvernehmen hat sich auf die Gattung der außerhalb der allgemeinen Verkaufszeiten zum Verkaufe zugelassenen Waren zu erstrecken. Für die Regelung soll das Maß des Bedürfnisses des Reiseverkehrs, insbesondere die Zuglage, maßgebend sein.

2. Dabei sind folgende Gesichtspunkte zu beachten:

a) Bei Bahnhofsverkaufsstellen innerhalb der Sperre kann in der Regel angenommen werden, daß sie ausschließlich dem Bedürfnis des Reiseverkehrs dienen.

b) Für Bahnhofsverkaufsstellen außerhalb der Sperre dürfen Ausnahmen nur für den Verkauf von Reisebedarf zugelassen werden. Zum Reisebedarf gehören insbesondere Zeitungen und sonstige Reiselektüre, Tabakwaren, sowie Lebens- und Genußmittel und Blumen. Die Reichsbahndirektionen werden die Inhaber solcher Verkaufsstellen vertraglich anweisen, außerhalb der örtlichen Ladenschlußzeit Waren nur in einem dem normalen Reisebedürfnis angepaßten Umfang abzugeben und sich nach Möglichkeit Gewißheit darüber zu verschaffen, daß der Käufer zu den Reisenden gehört. Die Beachtung dieser Anweisung wird von den Reichsbahndirektionen überwacht werden. Pächtern, die diese Vertragsbestimmungen trotz wiederholter Aufforderung nicht erfüllen, ist das Pachtverhältnis zu kündigen.

3. Innerhalb der örtlich zugelassenen Verkaufszeiten bestehen keine Beschränkungen des Warenverkaufs nach Gattung und Umfang.

4. Die außerhalb des Personenbahnhofs, wenn auch auf bahneigenem Gelände gelegenen Verkaufsstellen sind ausnahmslos den für offene Verkaufsstellen geltenden gewerbepolizeilichen Bestimmungen unterworfen.

III. Friseurstuben.

Die Geschäftsstunden der Friseurstuben werden unter Berücksichtigung der Bedürfnisse des Reiseverkehrs nach den gleichen Grundsätzen wie in Ziffer II geregelt.

IV. Arbeiter- und Angestelltenschutz.

1. Die Pächter der Bahnhofswirtschaften und selbständigen Erfrischungshallen und die Pächter der Bahnhofsverkaufsstellen sind im Wege des Pachtvertrages anzuhalten, bei der Beschäftigung ihres Personals die für die Beschäftigung der Arbeiter und Angestellten der gewerblichen Betriebe ihrer Art geltenden Arbeitnehmerschutzbestimmungen zu beachten; die Pächter sind auch anzuhalten, für Sonntagsarbeit entsprechende Ruhezeiten zu gewähren.

Die Reichsbahndirektionen werden den Vollzug der auf den Arbeiter- und Angestelltenschutz bezüglichen Pachtvertragsbestimmungen überwachen. Pächtern, die diese Vertragsbestimmungen trotz wiederholter Aufforderung nicht erfüllen, ist das Vertragsverhältnis zu kündigen.

2. Erweist sich eine besondere Regelung der Beschäftigung des Personals als erforderlich, so wird die Reichsbahndirektion die Regelung im Einvernehmen mit der höheren Verwaltungsbehörde treffen.

V. Gemeinsame Bestimmungen.

Den Reichsbahndirektionen und den höheren Verwaltungsbehörden bleibt es unbenommen, zunächst ihre unterstellten Behörden mit den Verhandlungen zu beauftragen.

Ist ein Einvernehmen zwischen der Reichsbahndirektion und der höheren Verwaltungsbehörde nicht zu erzielen, so haben deren Aufsichtsbehörden die Entscheidung gemeinsam zu treffen.

VI. Schlußbestimmungen.

1. Soweit bei den zu II Ziffer 2a und b genannten Verkaufsstellen eine erweiterte Verkaufszeit jetzt zugelassen ist, soll eine Abänderung im beiderseitigen Einvernehmen nur geschehen, soweit berechtigte Klagen erhoben worden sind.

2. Für außerhalb der Sperre gelegene Bahnhofsverkaufsstellen und Friseurstuben im Sinne der Ziffern II und III auf Bahnhöfen, die lediglich Vorort- oder Stadtbahnhöfe sind, sollen Ausnahmen von den Bestimmungen über Sonntagsruhe und Ladenschluß in der Regel nicht gewährt werden. Soweit eine Einigung mit der Verwaltungsbehörde bereits erzielt ist, verbleibt es bei den getroffenen Abmachungen, andernfalls findet Ziffer 1 Anwendung.

B.

Die Deutsche Reichsbahn-Gesellschaft — Hauptverwaltung Berlin — hat in einem Erlaß an die Gruppenverwaltung Bayern und die Reichsbahndirektion zu den Richtlinien ausgeführt:

Die Richtlinien stellen lediglich eine Verwaltungsanordnung dar, sollen die Schwierigkeiten, die durch den Antrag Sachsens im Reichsrat auf Abänderung des § 6 der Reichsgewerbeordnung, den vom Reichstag einstimmig angenommenen Antrag Büll und Genossen und durch das Urteil des Oberverwaltungsgerichts vom 10. Dezember 1925 entstanden sind, im Vereinbarungswege regeln und dadurch unnötigen Schriftwechsel, Prozesse und gegenseitige Verärgerung der beiderseitigen Behörden vermeiden. Die Reichsbahndirektionen wollen sich daher angelegen sein lassen, an Hand der Richtlinien alle auftauchenden Fragen in beiderseitigem Entgegenkommen zu regeln.

Zu den Richtlinien ist folgendes zu bemerken:

Zu I. 1.

Unter selbständigen Erfrischungshallen sind die Ausschankstellen zu verstehen, die auf Bahnhöfen ohne Bahnwirtschaften eingerichtet sind. Die den Bahnwirten übertragenen Ausschankstellen auf den Bahnhöfen usw. fallen unter den Begriff Bahnwirtschaften.

Was unter „Personenbahnhof" zu verstehen ist, ist Tatfrage. Es fallen unter diesen Begriff z. B. auch Wirtschaftsgärten, wenn sie unmittelbar von der Bahnwirtschaft aus bedient werden und nicht eine selbständige Ausschankstelle enthalten. Der unmittelbare Zusammenhang mit den dem Personenverkehr dienenden Anlagen ist maßgebend.

Zu I. 2.

Die Bestimmung gilt in sinngemäßer Anwendung der Ziffer 1 nur für solche Einrichtungen, die sich auf einem Personenbahnhof innerhalb oder außerhalb der Bahnsteigsperre befinden.

In der Errichtung neuer Bahnwirtschaften usw. werden die Reichsbahndirektionen größte Zurückhaltung zu üben und das Bedürfnis zuvor einer scharfen Prüfung im Sinne des 3. Absatzes dieser Nummer zu unterziehen haben, ehe sie mit der höheren Verwaltungsbehörde in Verbindung treten. Die Einholung des Einverständnisses der höheren Verwaltungsbehörde hat von Amts wegen zu erfolgen.

Baukantinen fallen nicht unter die genannten Ausnahmen.

Zu I. 3.

Unter Polizeistunde ist sowohl die Spät- wie Frühpolizeistunde zu verstehen.

Falls Vereine und dergleichen über die örtliche Polizeistunde hinaus aus Anlaß von Zusammenkünften auf dem Bahnhof einen längeren Ausschank von alkoholhaltigen Getränken beantragen, sind sie an die zuständigen Verwaltungsstellen zu verweisen.

Zu II.

Bei Neuerrichtung von Ständen ist die Bedürfnisfrage besonders eingehend zu prüfen in allen den Fällen, in denen Ausnahmen von der Innehaltung der örtlichen Ladenschlußstunde in Betracht kommen. Von einer Aufhebung der Verfügung vom 8. Oktober, durch die die Anhörung der örtlichen Organisationen des Einzelhandels angeordnet wurde, haben wir abgesehen, da wir uns von einer Anhörung dieser Stellen Erleichterungen bei den Vereinbarungen mit den Verwaltungsbehörden versprechen. Doch bleibt die Anhörung dem Ermessen der Reichsbahndirektion überlassen.

Zu II 2 b.

Die Aufzählung der Waren, die als Reisebedarf anzusehen sind, ist nicht abschließend. Es können auch Stände für nicht genannte Waren außerhalb der Sperre im gegenseitigen Einvernehmen dann länger aufgehalten werden, wenn der Reiseverkehr dies, z. B. bei größeren Bahnhöfen mit internationalem Verkehr, verlangt.

Läden im Empfangsgebäude, die nur von der Straße aus zugänglich sind, unterliegen stets der allgemeinen Ladenschlußstunde.

Die vorgesehenen Ergänzungen der Verträge wollen die Reichsbahndirektionen baldigst durchführen und ihre Innehaltung überwachen.

Zu II 2 b und II 4.

Wo es noch nicht geschehen, sind die entsprechenden Anordnungen umgehend zu treffen. Die Reichsbahndirektionen werden ermächtigt, etwa erforderlich werdende Pachtnachlässe in eigener Zuständigkeit zu bewilligen.

Zu IV.

Die Verträge sind gegebenenfalls baldigst zu ergänzen.

Zu V.

Bei Erstattung des Berichts an uns ist der gesamte Schriftwechsel mit den Verwaltungsbehörden beizufügen. Die bayerischen Reichsbahndirektionen berichten an die Gruppenverwaltung Bayern in München.

C.

Höhere Verwaltungsbehörde im Sinne der Richtlinien sind die Regierungen, K. d. J., ihre Aufsichtsbehörde gem. Ziffer V Abs. 2 der Richtlinien ist das Staatsministerium für Soziale Fürsorge im Benehmen mit dem Staatsministerium für Handel, Industrie und Gewerbe, im Falle der Ziffer I, 3 ist Aufsichtsbehörde das Staatsministerium des Innern.

Bei Prüfung der Bedürfnisfrage bei Bahnhofswirtschaften haben die Regierungen, K. d. J., die Bekanntmachung vom 30. Dezember 1909 MABl. 1910 S. 1 sinngemäß anzuwenden.

In allen Fällen von grundsätzlicher Bedeutung, die sich im Vollzug der Richtlinien ergeben, ist der zuständigen Industrie- und Handelskammer oder Handwerkskammer Gelegenheit zur gutachtlichen Äußerung zu geben, die sich hiezu erforderlichenfalls mit den Fachverbänden des Handels und Handwerks ins Benehmen setzen wird.

Die Richtlinien sind sofort in Vollzug zu setzen.

Anhang B

Sonstige einschlägige Bestimmungen.

1. Aus der Gewerbeordnung.

§ 10. I Ausschließliche Gewerbeberechtigungen oder Zwangs- und Bannrechte, welche durch Gesetz aufgehoben oder für ablösbar erklärt worden sind, können fortan nicht mehr erworben werden.[1]

II Realgewerbeberechtigungen dürfen fortan nicht mehr begründet werden.[2]

§ 14. I Wer den selbständigen Betrieb eines stehenden Gewerbes anfängt, muß der für den Ort, wo solches geschieht, nach den Landesgesetzen zuständigen Behörde gleichzeitig Anzeige davon machen.[3] Diese Anzeige liegt auch demjenigen ob, welcher zum Betrieb eines Gewerbes im Umherziehen (Titel III) befugt ist.

§ 15a. I Gewerbetreibende, die einen offenen Laden haben oder Gast- oder Schankwirtschaft betreiben, sind verpflichtet, ihren Familiennamen mit mindestens einem ausgeschriebenen Vornamen an der Außenseite oder am Eingange des Ladens oder der Wirtschaft in deutlich lesbarer Schrift anzubringen.

II Kaufleute, die eine Handelsfirma führen, haben zugleich die Firma in der bezeichneten Weise an dem Laden oder der Wirtschaft anzubringen; ist aus der Firma der Familienname des Geschäftsinhabers mit dem ausgeschrie-

---

[1]) Bierlieferungsverträge, die keinen dinglichen Charakter haben, sind zulässig. S. die S. 142 abgedruckten Art. 13, 14 AGBGB.

[2]) Vgl. GastG. § 24 und GewO § 48.

[3]) Die Anzeige ist bei der Gemeindebehörde zu erstatten; § 4 Abs. 1 der V. v. 29. 3. 92, GVBl 61; vgl. GastG. § 4 Abs. 3.

benen Vornamen zu ersehen, so genügt die Anbringung der Firma.

III Auf offene Handelsgesellschaften, Kommanditgesellschaften und Kommanditgesellschaften auf Aktien finden diese Vorschriften mit der Maßgabe Anwendung, daß für die Namen der persönlich haftenden Gesellschafter gilt, was in Betreff der Namen der Gewerbetreibenden bestimmt ist.

IV Sind mehr als zwei Beteiligte vorhanden, deren Namen hiernach in der Aufschrift anzugeben wären, so genügt es, wenn die Namen von zweien mit einem das Vorhandensein weiterer Beteiligter andeutenden Zusatz aufgenommen werden. Die Polizeibehörde kann im einzelnen Falle die Angabe der Namen aller Beteiligten anordnen.

§ 41. I Die Befugnis zum selbständigen Betrieb eines stehenden Gewerbes begreift das Recht in sich, in beliebiger Zahl Gesellen, Gehilfen, Arbeiter jeder Art und, soweit die Vorschriften des gegenwärtigen Gesetzes nicht entgegenstehen, Lehrlinge anzunehmen. In der Wahl des Arbeits- und Hilfspersonals finden keine anderen Beschränkungen statt, als die durch das gegenwärtige Gesetz festgestellten.[1]

§ 42a.[2] I Gegenstände, welche von dem Ankauf oder Feilbieten im Umherziehen ausgeschlossen sind, dürfen auch innerhalb des Gemeindebezirkes des Wohnorts oder der gewerblichen Niederlassung von Haus zu Haus oder auf öffentlichen Wegen, Straßen, Plätzen oder an anderen öffentlichen Orten nicht feilgeboten oder zum Wiederverkauf angekauft werden, mit Ausnahme von Bier und Wein in Fässern und Flaschen und vorbehaltlich des nach § 33 erlaubten Gewerbebetriebs.

II Die zuständige Landesregierung ist befugt, soweit ein Bedürfnis dazu obwaltet, anzuordnen, daß und inwie-

---

[1]) Beschränkungen: GastG § 17; §§ 11—17 der AV. zum GastG. vom 12. 9. 31.

[2]) 42a regelt den ambulanten Gewerbetrieb in der Gemeinde des Wohnorts oder gewerblichen Niederlassung. Vgl. GastG. § 8 Anm. 2, § 10 Anm. 2c.

fern weitere Ausnahmen von diesem Verbote stattfinden sollen.

III Das Feilbieten geistiger Getränke kann von der Ortspolizeibehörde im Falle besonderen Bedürfnisses vorübergehend gestattet werden.

§ 48. Realgewerbeberechtigungen können auf jede, nach den Vorschriften dieses Gesetzes zum Betriebe des Gewerbes befähigte Person in der Art übertragen werden, daß der Erwerber die Gewerbeberechtigung für eigene Rechnung ausüben darf.

§ 56. II Ausgeschlossen vom Ankauf oder Feilbieten im Umherziehen sind:

1. geistige Getränke, soweit nicht das Feilbieten derselben von der Ortspolizeibehörde im Falle besonderen Bedürfnisses vorübergehend gestattet ist.

§ 56a. Ausgeschlossen vom Gewerbebetrieb im Umherziehen sind ferner:

3. das Aufsuchen von Bestellungen auf Branntwein und Spiritus bei Personen, in deren Gewerbebetriebe dieselben keine Verwendung finden.

§ 67. I Auf Jahrmärkten dürfen außer den im § 66 benannten Gegenständen Verzehrungsgegenstände und Fabrikate aller Art feilgehalten werden.

II Zum Verkaufe von geistigen Getränken zum Genuß auf der Stelle bedarf es jedoch der Genehmigung der Ortspolizeibehörde.[1]

§ 75. Die Gastwirte können durch die Ortspolizeibehörde angehalten werden, das Verzeichnis der von ihnen gestellten Preise einzureichen und in den Gastzimmern anzuschlagen. Die Preise dürfen zwar jederzeit abgeändert werden, bleiben aber solange in Kraft, bis die Abänderung der Polizeibehörde angezeigt und das abgeänderte Verzeichnis in den Gastzimmern angeschlagen ist. Auf Beschwerden Reisender wegen Überschreitung der verzeichneten Preise steht der Ortspolizeibehörde eine vorläufige Entscheidung vorbehaltlich des Rechtswegs zu.[2]

§ 105 i. I Der § 105a Abs. 1 und die §§ 105b bis

---

[1] Vgl. GastG. § 8 Anm. 2, § 30 Anm. 2c.
[2] Strafbestimmungen §§ 148 Ziff. 8; 149 Ziff. 7a GewO.

105 g[1] finden auf Gast- und Schankwirtschaftsgewerbe, Musikaufführungen, Schaustellungen, theatralische Vorstellungen oder sonstige Lustbarkeiten sowie auf Verkehrsgewerbe keine Anwendung.

II Die Gewerbetreibenden können die Arbeiter in diesen Gewerben nur zu solchen Arbeiten an Sonn- und Festtagen verpflichten, welche nach der Natur des Gewerbebetriebs einen Aufschub oder eine Unterbrechung nicht gestatten.

§ 120 a.[2] I Die Gewerbeunternehmer sind verpflichtet, die Arbeitsräume, Betriebsvorrichtungen, Maschinen und Gerätschaften so einzurichten und zu unterhalten und den Betrieb so zu regeln, daß die Arbeiter gegen Gefahren für Leben und Gesundheit soweit geschützt sind, wie es die Natur des Betriebs gestattet.

II Insbesondere ist für genügendes Licht, ausreichenden Luftraum und Luftwechsel, Beseitigung des bei dem Betrieb entstehenden Staubes, der dabei entwickelten Dünste und Gase sowie der dabei entstehenden Abfälle Sorge zu tragen.

III Ebenso sind diejenigen Vorrichtungen herzustellen, welche zum Schutze der Arbeiter gegen gefährliche Berührungen mit Maschinen oder Maschinenteilen oder gegen andere in der Natur der Betriebsstätte oder des Betriebs liegende Gefahren, namentlich auch gegen die Gefahren, welche aus Fabrikbränden erwachsen können, erforderlich sind.

IV Endlich sind diejenigen Vorschriften über die Ordnung des Betriebs und das Verhalten der Arbeiter zu erlassen, welche zur Sicherung eines gefahrlosen Betriebs erforderlich sind.

§ 120 b. I Die Gewerbeunternehmer sind verpflichtet, diejenigen Einrichtungen zu treffen und zu unterhalten und diejenigen Vorschriften über das Verhalten der Arbeiter im Betriebe zu erlassen, welche erforderlich sind, um die Aufrechterhaltung der guten Sitten und des Anstandes zu sichern.

[1]) § 105 a Abs. 1 und die §§ 105 b bis 105 g GewO regeln die gewerbliche Sonntagsruhe.

[2]) Die §§ 120 a ff kommen neben § 11 GaststG. in Betracht; vgl. GaststG. § 35.

II Insbesondere muß, soweit es die Natur des Betriebs zuläßt, bei der Arbeit die Trennung der Geschlechter durchgeführt werden, sofern nicht die Aufrechterhaltung der guten Sitten und des Anstandes durch die Einrichtung des Betriebes ohnehin gesichert ist.

III In Anlagen, deren Betrieb es mit sich bringt, daß die Arbeiter sich umkleiden und nach der Arbeit sich reinigen, müssen ausreichende, nach Geschlechtern getrennte Ankleide- und Waschräume vorhanden sein.

IV Die Bedürfnisanstalten müssen so eingerichtet sein, daß sie für die Zahl der Arbeiter ausreichen, daß den Anforderungen der Gesundheitspflege entsprochen wird und daß ihre Benutzung ohne Verletzung von Sitte und Anstand erfolgen kann.

§ 120c. Gewerbeunternehmer, welche Arbeiter unter achtzehn Jahren beschäftigen, sind verpflichtet, bei der Einrichtung der Betriebsstätte und bei der Regelung des Betriebes diejenigen besonderen Rücksichten auf Gesundheit und Sittlichkeit zu nehmen, welche durch das Alter dieser Arbeiter geboten sind.

§ 120d. I Die zuständigen Polizeibehörden sind befugt, im Wege der Verfügung für einzelne Anlagen die Ausführung derjenigen Maßnahmen anzuordnen, welche zur Durchführung der in §§ 120a bis 120c enthaltenen Grundsätze erforderlich und nach der Beschaffenheit der Anlage ausführbar erscheinen. Sie können anordnen, daß den Arbeitern zur Einnahme von Mahlzeiten außerhalb der Arbeitsräume angemessene, in der kalten Jahreszeit geheizte Räume unentgeltlich zur Verfügung gestellt werden.[1]

II Soweit die angeordneten Maßregeln nicht die Beseitigung einer dringenden, das Leben oder die Gesundheit bedrohenden Gefahr bezwecken, muß für die Ausführung eine angemessene Frist gelassen werden.

III Den bei Erlaß dieses Gesetzes bereits bestehenden

---

[1]) Zuwiderhandlungen gegen die erlassenen Verfügungen sind strafbar nach § 147 Abs. 1 Ziff. 4 GewO.

Anlagen gegenüber können, solange nicht eine Erweiterung oder ein Umbau eintritt, nur Anforderungen gestellt werden, welche zur Beseitigung erheblicher, das Leben, die Gesundheit oder die Sittlichkeit der Arbeiter gefährdender Mißstände erforderlich oder ohne unverhältnismäßige Aufwendungen ausführbar erscheinen.

IV Gegen die Verfügung der Polizeibehörde steht dem Gewerbeunternehmer binnen zwei Wochen die Beschwerde an die höhere Verwaltungsbehörde zu. Gegen die Entscheidung der höheren Verwaltungsbehörde ist binnen vier Wochen die Beschwerde an die Zentralbehörde zulässig; diese entscheidet endgültig. Widerspricht die Verfügung den von der zuständigen Berufsgenossenschaft erlassenen Vorschriften zur Verhütung von Unfällen, so ist zur Einlegung der vorstehend bezeichneten Rechtsmittel binnen der dem Gewerbeunternehmer zustehenden Frist auch der Vorstand der Berufsgenossenschaft befugt.

§ 154. I Von den Bestimmungen im Titel VII finden keine Anwendung:

4. die Bestimmungen der §§ 135 bis 139a[1] auf Gärtnereien, auf das Gast- und Schankwirtschaftsgewerbe sowie auf das Verkehrsgewerbe.

2. Aus dem Kinderschutzgesetz.

I. Einleitende Bestimmungen.

§ 1. Auf die Beschäftigung von Kindern in Betrieben, welche als gewerbliche im Sinne der Gewerbeordnung anzusehen sind, finden neben den bestehenden reichsrechtlichen Vorschriften die folgenden Bestimmungen Anwendung, und zwar auf die Beschäftigung fremder Kinder die §§ 4 bis 11, auf die Beschäftigung eigener Kinder die §§ 12 bis 17.

Kinder im Sinne dieses Gesetzes.

§ 2. Als Kinder im Sinne dieses Gesetzes gelten Knaben und Mädchen unter dreizehn Jahren sowie solche Knaben

[1]) Die §§ 135—139a GewO enthaltenen Vorschriften über die Beschäftigung von Kindern, von Jugendlichen und von Arbeiterinnen in Betrieben mit mindestens 10 Arbeitern.

und Mädchen über dreizehn Jahre, welche noch zum Besuche der Volksschule verpflichtet sind.

Eigene, fremde Kinder.

§ 3. Im Sinne dieses Gesetzes gelten als eigene Kinder:

1. Kinder, die mit demjenigen, welcher sie beschäftigt, oder mit dessen Ehegatten bis zum dritten Grade verwandt sind,
2. Kinder, die von demjenigen, welcher sie beschäftigt, oder dessen Ehegatten an Kindes Statt angenommen oder bevormundet sind,
3. Kinder, die demjenigen, welcher sie zugleich mit Kindern der unter 1 oder 2 bezeichneten Art beschäftigt, zur gesetzlichen Zwangserziehung (Fürsorgeerziehung) überwiesen sind,

sofern die Kinder zu dem Hausstande desjenigen gehören, welcher sie beschäftigt.

Kinder, welche hiernach nicht als eigene Kinder anzusehen sind, gelten als fremde Kinder.

Die Vorschriften über die Beschäftigung eigener Kinder gelten auch für die Beschäftigung von Kindern, welche in der Wohnung oder Werkstätte einer Person, zu der sie in einem der im Abs. 1 bezeichneten Verhältnisse stehen und zu deren Hausstande sie gehören, für Dritte beschäftigt werden.

II. Beschäftigung fremder Kinder.

Beschäftigung im Betriebe von Werkstätten, im Handelsgewerbe und in Verkehrsgewerben.

§ 5 Abs. 2. Die Beschäftigung von Kindern über zwölf Jahren darf nicht in der Zeit zwischen acht Uhr abends und acht Uhr morgens und nicht vor dem Vormittagsunterrichte stattfinden. Sie darf nicht länger als drei Stunden und während der von der zuständigen Behörde bestimmten Schulferien nicht länger als vier Stunden täglich dauern. Um Mittag ist den Kindern eine mindestens zweistündige Pause zu gewähren. Am Nachmittage darf die Beschäftigung erst eine Stunde nach beendetem Unterrichte beginnen.

§ 7. Im Betriebe von Gast- und von Schankwirtschaften dürfen Kinder unter zwölf Jahren überhaupt nicht und Mädchen (§ 2) nicht bei der Bedienung der Gäste beschäftigt werden. Im übrigen finden auf die Beschäftigung von Kindern über zwölf Jahren die Bestimmungen des § 5 Abs. 2 Anwendung.[1]

III. Beschäftigung eigener Kinder.

Beschäftigung im Betriebe von Gast- und von Schankwirtschaften.

§ 16. Im Betriebe von Gast- und von Schankwirtschaften dürfen Kinder unter zwölf Jahren überhaupt nicht und Mädchen (§ 2) nicht bei der Bedienung der Gäste beschäftigt werden. Die untere Verwaltungsbehörde ist befugt, nach Anhörung der Schulaufsichtsbehörde in Orten, welche nach der jeweilig letzten Volkszählung weniger als zwanzigtausend Einwohner haben, für Betriebe, in welchen in der Regel ausschließlich zur Familie des Arbeitgebers gehörige Personen beschäftigt werden, Ausnahmen zuzulassen. Im übrigen finden auf die Beschäftigung von eigenen Kindern die Bestimmungen des § 13 Abs. 1 Anwendung.[2]

3a) Verordnung über die Arbeitszeit
i. d. F. vom 14. April 1927, RGBl 110.

Die Arbeitszeitverordnung nebst den Ausführungsbestimmungen findet man in meiner Gewerbeordnung S. 419ff. Abdruck unterbleibt wegen Raummangels und da meist eine Regelung durch Tarifvertrag in Betracht kommt.

b) Bek., betr. die Beschäftigung von Gehilfen und Lehrlingen in Gast- und Schankwirtschaften.
Vom 23. Januar 1902, RGBl 33[3])

Auf Grund des § 120e Abs. 3 der Gewerbeordnung hat der Bundesrat nachstehende Bestimmungen über die

---

[1]) Strafbestimmung § 23 KSchG.
[2]) Strafbestimmung § 25 KSchG.
[3]) Vgl. MB vom 11. 3. 1902 (GVBl 122). Die Bek. vom 23. 1. 02 ist durch die ArbeitszeitV nicht überholt; die letztere setzt die Höchstdauer der Arbeitszeit fest, während die erstere die ununterbrochene Ruhezeit regelt.

Beschäftigung von Gehilfen und Lehrlingen in Gast- und in Schankwirtschaften erlassen:

I.

1. In Gast- und in Schankwirtschaften ist jedem Gehilfen und Lehrling über sechzehn Jahre für die Woche siebenmal eine ununterbrochene Ruhezeit von mindestens acht Stunden zu gewähren. Der Beginn der ersten Ruhezeit darf in die vorhergehende, das Ende der siebenten Ruhezeit in die nachfolgende Woche fallen.

Für Gehilfen und Lehrlinge unter sechzehn Jahren muß die Ruhezeit mindestens neun Stunden betragen. Durch Polizeiverordnungen der zum Erlasse solcher Verordnungen berechtigten Behörden kann diese längere Ruhezeit auch für Gehilfen und Lehrlinge über sechzehn Jahre vorgeschrieben werden.

Die höhere Verwaltungsbehörde ist befugt, in Bade- und anderen Kurorten die Ruhezeit für Gehilfen und Lehrlinge über sechzehn Jahre in Gastwirtschaften während der Saison, jedoch nicht über eine Dauer von drei Monaten, bis auf sieben Stunden herabzusetzen. Neben dieser Ruhezeit müssen täglich, abgesehen von den Mahlzeiten, Ruhepausen in der Gesamtdauer von mindestens zwei Stunden gewährt werden.

2. Der Zeitraum zwischen zwei Ruhezeiten, welcher auch die Arbeitsbereitschaft und die Ruhepausen umfaßt, darf in den Fällen der Ziffer 1 Abs. 1 höchstens sechzehn Stunden, in den Fällen der Ziffer 1 Abs. 2 höchstens fünfzehn Stunden und in den Fällen der Ziffer 1 Abs. 3 höchstens siebzehn Stunden betragen.

3. Eine Verlängerung der in Ziffer 2 bezeichneten Zeiträume ist für den Betrieb bis zu sechzigmal im Jahre zulässig. Dabei kommt jeder Fall in Anrechnung, wo auch nur für einen Gehilfen oder Lehrling diese Verlängerung stattgefunden hat.

Auch in diesen Fällen muß für die Woche eine Unterbrechung durch sieben Ruhezeiten von der vorgeschriebenen Dauer (Ziffer 1) stattfinden.

4. An Stelle einer der nach Ziffer 1 zu gewährenden ununterbrochenen Ruhezeiten ist den Gehilfen und Lehr-

lingen mindestens in jeder dritten Woche einmal eine ununterbrochene Ruhezeit von mindestens vierundzwanzig Stunden zu gewähren.

In Gemeinden, welche nach der jeweilig letzten Volkszählung mehr als zwanzigtausend Einwohner haben, ist diese Ruhezeit mindestens in jeder zweiten Woche zu gewähren.

In denjenigen Wochen, in welchen hiernach eine vierundzwanzigstündige Ruhezeit nicht gewährt zu werden braucht, ist außer der ununterbrochenen Ruhezeit von der vorgeschriebenen Dauer (Ziffer 1) mindestens einmal eine weitere ununterbrochene Ruhezeit von mindestens sechs Stunden zu gewähren, welche in der Zeit zwischen acht Uhr morgens und zehn Uhr abends liegen muß.

5. Die Arbeitgeber sind verpflichtet, ein Verzeichnis anzulegen, welches die Namen der einzelnen Gehilfen und Lehrlinge enthalten muß. In das Verzeichnis ist für jeden einzelnen Gehilfen und Lehrling einzutragen, wann und für welche Dauer eine Ruhezeit gemäß Ziffer 4 gewährt worden ist.

Arbeitgeber, welche von den Bestimmungen der Ziffer 3 Gebrauch machen, sind verpflichtet, ein weiteres Verzeichnis anzulegen, in welches einzutragen ist, wann Überarbeit im Betriebe während des Kalenderjahres stattgefunden hat.

Die nach Abs. 1, 2 zu machenden Eintragungen haben spätesten am ersten Tage nach Ablauf jeder Woche für die verflossene Woche zu erfolgen.

Die Verzeichnisse sind auf Erfordern den zuständigen Behörden und Beamten zur Einsicht vorzulegen.

6. Gehilfen und Lehrlinge unter sechzehn Jahren dürfen in der Zeit von zehn Uhr abends bis sechs Uhr morgens nicht beschäftigt werden. Außerdem dürfen Gehilfen und Lehrlinge weiblichen Geschlechts zwischen sechzehn und achtzehn Jahren, welche nicht zur Familie des Arbeitgebers gehören, während dieser Zeit nicht zur Bedienung der Gäste verwendet werden.

II.

7. Als Gehilfen und Lehrlinge im Sinne dieser Bestimmungen gelten solche Personen männlichen und weiblichen Geschlechts, welche im Betriebe der Gast- und der Schankwirtschaften als Oberkellner, Kellner oder Kellnerlehrlinge, als Köche oder Kochlehrlinge, am Büffet oder mit dem Fertigmachen kalter Speisen beschäftigt werden. Ausgenommen sind jedoch Personen, welche hauptsächlich in einem mit der Gast- oder der Schankwirtschaft verbundenen kaufmännischen oder sonstigen gewerblichen Betriebe beschäftigt werden, sofern ihre tägliche Arbeitszeit in diesem Betrieb anderweiten reichsrechtlichen Vorschriften unterliegt.

III.

8. Die vorstehenden Bestimmungen treten am 1. April 1902 in Kraft.

Bis zum 31. Dezember 1902 ist Überarbeit (Ziffer 3) höchstens fünfundvierzigmal zulässig.

Von dem in Ziffer 6 Satz 2 enthaltenen Verbote sind diejenigen Personen ausgenommen, welche bei der Verkündung dieser Bestimmung Kellnerinnen sind.

4. Aus dem Polizeistrafgesetzbuch.[1])

Art. 31.

An Geld bis zu fünf Talern werden Wirte oder deren Stellvertreter gestraft, welche Personen, denen auf Grund gesetzlicher Bestimmungen der Besuch ihrer Wirtshäuser untersagt ist, diesen Besuch ungeachtet des ihnen von der Polizeibehörde bekannt gegebenen Verbotes wissentlich gestatten.

Art. 34.

1. Wer gegen ortspolizeiliche Vorschrift musikalische Aufführungen, Kegelspiele oder sonstige geräuschvolle Unterhaltungen, welche im Innern der Ortschaften in Wirtschafts- oder Privatgärten oder in sonstigen nicht ge-

[1]) Bei Übertretungen ist gemäß § 27 RStGB, Art. VIII der V vom 6. 2. 24, RGBl 44 auf Geldstrafen von 1 bis 150 RM. zu erkennen.

schlossenen Räumlichkeiten [1]) abgehalten werden, über die von der Polizeibehörde bestimmte Nachtstunde verlängert, wird an Geld bis zu fünf Talern gestraft.

2. Die Polizeibehörde ist berechtigt, solche Störungen der Nachtruhe unabhängig von der Strafverfolgung sofort abzustellen.

Art. 46.

1. Gastwirte und Herberggeber, welche den oberpolizeilichen Vorschriften über Aufzeichnung und Anzeige der Ankunft und Abreise der von ihnen aufgenommenen Fremden und beherbergten Personen zuwiderhandeln, die vorgeschriebenen Aufzeichnungen der Polizeibehörde oder den obrigkeitlichen Dienern auf Verlangen nicht vorzeigen oder dieselben nicht zu der vorgeschriebenen Zeit vorlegen, werden an Geld bis zu fünf Talern gestraft.

2. Andere Personen, welche die durch ortspolizeiliche Vorschrift gebotene Anzeige über Beherbergung von Fremden verabsäumen, unterliegen einer Geldstrafe bis zu fünf Talern.

Art. 55.

I. Betrunkene, welche öffentliches Ärgernis erregen oder Unfug treiben und Störungen verursachen, können von öffentlichen Wegen, Plätzen und Versammlungsorten, sowie aus Wirtschafts-Lokalitäten entfernt werden.

Art. 143.[2])

Bäcker, Brot- und Mehlhändler, schenkberechtigte Brauer und Bierwirte, Metzger und andere zum Feilbieten von Fleisch berechtigte Personen werden:

1. an Geld bis zu 10 Talern gestraft, wenn sie gegen ortspolizeiliche Vorschrift es unterlassen, die Preise ihrer Verkaufsgegenstände an oder in ihren Gewerbslokalitäten auf eine für die Käufer sichtbare Weise anzuschlagen,

2. an Geld bis zu zwanzig Talern, wenn sie die von ihnen angezeigten Preise überschreiten oder gegen ortspolizeiliche Vorschrift eine Erhöhung ihrer Preise eintreten lassen, ohne wenigstens drei Tage vorher der Ortspolizeibehörde davon Anzeige gemacht oder deren Bewilli-

---

[1]) „Nichtgeschlossenen Räumlichkeiten", vgl. ObLGSt. 30, 13).
[2]) Für Gastwirte kommt § 75 GewO in Betracht.

gung zur früheren Änderung ihrer Preise erlangt zu haben.

Art. 144.[1])

1. Die im vorhergehenden Artikel genannten Gewerbetreibenden unterliegen einer Geldstrafe bis zu fünfzehn Talern, wenn sie ohne genügenden Entschuldigungsgrund, solange ihre Vorräte reichen, einem Käufer die Abgabe ihrer Verbrauchs-Gegenstände gegen Zahlung verweigern.

2. Bäcker, Metzger, Müller und Bierwirte, welche den Betrieb ihres Gewerbes ohne genügende Entschuldigung einstellen, ohne solches wenigstens vierzehn Tage zuvor der Ortspolizeibehörde angezeigt zu haben, werden an Geld bis zu dreißig Talern gestraft.

5. Aus der MinBek. vom 6. Oktober 1910, Geschäftsbetrieb der Versteigerer betr.

(GVBl S. 956).

Geschäftsräume.

§ 8. I ......

II Versteigerungen dürfen nicht in Räumen stattfinden, die einer Gast- oder Schankwirtschaft dienen oder mit solchen Räumen zusammenhängen.[2])

6. Aus der V. vom 21. Mai 1897, die Feier der Sonn- und Festtage betr.

(GVBl S. 197).

§ 4. Lärmendes Zechen und Spielen, lärmende Zusammenkünfte und Lustbarkeiten in Wirtschaftslokalitäten, lärmende Unterhaltungen in der Nähe von Kirchen an Sonn- und Festtagen während des vormittägigen Pfarrgottesdienstes sind untersagt.

---

[1]) § 144 Abs. 1 setzt für „schenkberechtigte Brauer und Bierwirte" eine Berufspflicht zur Gewerbeausübung fest; vgl. dazu GewO § 144, Bl Bd. 71 S. 168 und R 23, 199.

[2]) Strafbestimmung: RStGB § 367 Ziff. 16; GewO § 148 Ziff. 4a. — Die MB vom 6. 10. 10 versteht unter Versteigerern nur Personen, die gewerbsmäßig Versteigerungen ausführen (Auktionatoren), nicht andere Gewerbetreibende oder Privatleute, die gelegentlich eine Versteigerung vornehmen, ObLGSt 29, 88.

7. Aus dem Bayerischen Ausführungsgesetz z. BGB.

Bierlieferungsvertrag.[1])

Art. 13.

Wird zwischen einem Brauer und einem Wirte ein Vertrag über die Lieferung von Bier ohne Bestimmung der Menge des zu liefernden Bieres geschlossen, so gilt, soweit nicht ein anderes vereinbart wird, als Gegenstand des Vertrages der gesamte Bedarf an Bier, der sich in dem Gewerbebetrieb des Wirtes während der Dauer des Vertragsverhältnisses ergibt. Der Wirt ist verpflichtet, den Bedarf ausschließlich von dem Brauer zu beziehen, der Brauer hat dem Wirte die jeweils verlangten Mengen zu liefern. Ist die Dauer des Vertragsverhältnisses nicht bestimmt, so kann dieses von jedem Teile für den Schluß des Monats September jeden Jahres gekündigt werden.

Geht das Geschäft des einen oder des anderen Teiles durch Rechtsgeschäft unter Lebenden auf einen Dritten über, so hat der bisherige Inhaber dafür einzustehen, daß der neue Inhaber in den Vertrag eintritt.

Art. 14.

Ist bei dem Bestehen eines Vertragsverhältnisses der im Art. 13 Abs. 1 bezeichneten Art der Wirt Eigentümer des Grundstückes, auf welchem er sein Geschäft betreibt, so kann der Brauer verlangen, daß ihm für den gestundeten oder rückständigen Kaufpreis des gelieferten Bieres eine Sicherungshypothek an dem Grundstücke bestellt wird.

Hat der Wirt noch andere Grundstücke, die mit dem seinem Geschäftsbetriebe dienenden Grundstücke gemeinschaftlich bewirtschaftet werden, so kann die Erstreckung der Sicherungshypothek auf diese Grundstücke verlangt werden, soweit sie erforderlich ist, damit der Betrag des Kaufpreises durch den Wert der Grundstücke doppelt gedeckt wird. Der Wert wird unter Abzug der Belastungen berechnet, die der Sicherungshypothek im Range vorgehen.

---

[1]) Die Art. 13 und 14 AGBGB. stützen sich auf Art. 18 des EG z. HGB — Art. 13 gilt nur für den Fall, daß nicht ausdrücklich andere Vereinbarungen getroffen sind. Vgl. auch § 10 GewO.

Anhang C

Siebenter Teil

Bekämpfung politischer Ausschreitungen.

Auszug aus der dritten Verordnung des Reichspräsidenten zur Sicherung von Wirtschaft und Finanzen und zur Bekämpfung politischer Ausschreitungen.

Vom 6. Oktober 1931 (RGBl. I S. 537).

§ 7.

Schließung von Sammelstätten staatsgefährlicher Betätigung.

(1) Räumlichkeiten,

1. von denen aus eine Mehrheit von Personen aus politischen Beweggründen oder zu politischen Zwecken gemeinsam oder zusammen mit anderen Gewalttätigkeiten gegen Personen oder Sachen begangen hat oder von denen nach den Umständen zu besorgen ist, daß sie von einer Mehrheit von Personen als Sammelstätten oder Stützpunkte für Gewalttätigkeiten dieser Art benutzt werden oder
2. in denen Schriften hergestellt oder zum Zwecke der Verbreitung vorrätig gehalten werden, deren Inhalt den Tatbestand einer der im § 2 Abs. 1 Nr. 1 bis 3 bezeichneten strafbaren Handlungen begründet oder
3. in denen einer Mehrheit von Personen Aufenthalt oder Unterkunft gewährt wird, die in diesen Räumen eine nach § 11 des Gesetzes zum Schutze der Republik vom 25. März 1930 (Reichsgesetzbl. I S. 91)

oder nach § 7 der Verordnung zur Bekämpfung politischer Ausschreitungen vom 28. März 1931 (Reichsgesetzbl. I S. 79) verbotene Tätigkeit ausüben, können polizeilich geschlossen werden, wenn dies für die Aufrechterhaltung der öffentlichen Sicherheit und Ordnung, insbesondere zur Beseitigung der Gefahr der Wiederholung solcher Taten, erforderlich ist. Die in solchen Räumlichkeiten befindlichen Waffen können beschlagnahmt und eingezogen werden. § 15 Abs. 1 der Verordnung zur Bekämpfung politischer Ausschreitungen vom 28. März 1931 (Reichsgesetzbl. I S. 79) findet Anwendung.

(2) Das Verbot kann auf Räume erstreckt werden, die mit den im Abs. 1 bezeichneten Räumlichkeiten zusammenhängen.

(3) Handelt es sich um eine Gast- oder Schankwirtschaft, so kann die Erlaubnis zum Betriebe von der Ortspolizeibehörde bis zur Dauer von drei Monaten entzogen werden.

(4) Gegen eine polizeiliche Maßnahme nach Abs. 1 bis 3 ist die Beschwerde im Dienstaufsichtswege zulässig. Der Reichsminister des Innern ist jederzeit berechtigt, die Aufhebung der Maßnahme anzuordnen.

(5) Wer eine nach Abs. 1 bis 3 polizeilich geschlossene Räumlichkeit vor Aufhebung der Schließung benutzt oder anderen zur Benutzung überläßt, wird mit Gefängnis nicht unter drei Monaten bestraft. Bei Gast- oder Schankwirten, die wegen Zuwiderhandlung gegen diese Vorschrift rechtskräftig verurteilt worden sind, kann die höhere Verwaltungsbehörde mit Wirkung für das Reichsgebiet aussprechen, daß sie für eine bestimmte Zeit oder für die Dauer nicht die Zuverlässigkeit im Sinne des § 2 Abs. 1 Nr. 1 des Gaststättengesetzes vom 28. April 1930 (Reichsgesetzbl. I S. 146) besitzen.

Sachverzeichnis.

Die Zahlen bedeuten die Seiten.

E.

FSC
www.fsc.org
MIX
Papier | Fördert
gute Waldnutzung
FSC® C083411

Kolibri 360 GmbH
Ferdinand-Jühlke-Straße 7
99095 Erfurt, Deutschland
produktsicherheit@kolibri360.de